Michael Reu

NEW YORK FÜR FERN-SEHER

Michael Reufsteck

New York für Fern-Seher

Wegweiser zu den TV-Schauplätzen

vgs
EGMONT

INHALT

SERIEN

Sex and the City 10
Friends 15
Bill Cosby Show 18
Taxi 20
Seinfeld 22
King of Queens 27
Chaos City 31
Will & Grace 34
Die Nanny 36
Verrückt nach dir 38
Becker 41
Dream On 43
Veronica 45
Männerwirtschaft 46
Welcome Back, Kotter 48
30 Rock 50
Law & Order 52
Law & Order: NY 56
Criminal Intent 58

SHOWS & MUSEEN

David Letterman 108
Conan O'Brien 113
Jon Stewart 115
The Colbert Report 118
The Today Show 120
Saturday Night Live 122
Regis and Kelly 124
Showtime at the Apollo 126
The View 128
Martha 130
Maury 132

Without a Trace 61
CSI: NY 64
Kojak 67
NYPD Blue 70
Cagney & Lacey 72
Shaft 74
Die Sopranos 77
Third Watch 80
Rescue Me 82
Alles Betty 84
Heroes 86
Fame 88
Sesamstraße 90

MTV TRL 134
Rachael Ray 136
The People's Court 137
Montel 138
Who Wants to Be a Millionaire? 139
American Museum of the Moving Image 140
NBC Studio Tour 141
The Paley Center for Media 142
Tour New York TV and Movie Sites 144

ANHANG

Kartenatlas 146
Personenregister 152
Register Schauplätze 155
Danksagung 158
Impressum 159

Vorwort

Wer zum ersten Mal in New York ist, wundert sich immer wieder darüber, wie merkwürdig vertraut die fremde Stadt scheint. Es ist nicht nur das Gefühl, plötzlich mitten in einem Postkartenmotiv zu stehen. Auch den pulsierenden Rhythmus der Stadt glaubt man, schon erlebt, den immerwährenden New Yorker Grundgeräuschpegel, schon gehört zu haben. Und irgendwie stimmt das ja sogar. Hunderte Male schon hat man die atemberaubenden Wolkenkratzer und die unzähligen gelben Taxis gesehen, die schönen Ecken der Parks und die berühmten »New York Cops«.

Dem Fernsehen sei Dank, denn im Fernsehen ist New York allgegenwärtig. So oft wie keine andere Stadt wurde New York von Film- und Fernsehproduzenten als Schauplatz gewählt, obwohl als deren Hauptstadt doch Los Angeles mit Hollywood gilt.

Trifft man allerdings New Yorker Einwohner, könnte man überrascht werden, denn nicht ausnahmslos alle New Yorker sind Kommissare und neurotische Singles. Krimis und Sitcoms sind aber mit Abstand die populärsten Fernsehgenres, die in New York angesiedelt werden. In *Law & Order, Criminal Intent, CSI: NY, Without a Trace* oder *NYPD Blue* klären Polizisten Verbrechen auf, in *Sex and the City, Friends, Seinfeld, Will & Grace* oder *Chaos City* diskutieren neurotische Singles um die 30 ihre Beziehungskisten aus.

In New York kümmerte sich *Die Nanny* mehr oder weniger um die Kinder des Broadway-Produzenten Maxwell Sheffield, fuhr der *King of Queens* seine Pakete aus, erzog Cliff Huxtable in der *Bill Cosby Show* seine Familie, und natürlich lösten hier auch *Cagney & Lacey* sowie *Kojak* schon früher verzwickte Kriminalfälle.

New York für Fernseher führt Sie an die Schauplätze all dieser Serien: zu den Apartments der TV-Charaktere, in die Stammlokale und an die Tatorte.

Viele Adressen sind erfunden, darunter beispielsweise die meisten, die in *Law & Order* in weißer Schrift auf schwarzem Grund zum Szenenwechsel eingeblendet werden, oder die der angeblichen Werbeagentur von Angela Bower in *Wer ist hier der Boss?*. Statt der entsprechenden Gebäude findet man dort Brückenauffahrten, Flüsse oder leere Grundstücke.

Doch viele Fernsehadressen sind real. Einige finden sich sogar an der angegebenen Anschrift, darunter das Haus aus *Männerwirtschaft,* bei anderen wurde die Adresse verfälscht, z. B.

Beliebtes Reiseziel: die Traumstadt New York.

in der *Bill Cosby Show* und *Sex and the City*. In diesem Buch finden Sie die echten Adressen und die tatsächlichen Standorte der Häuser.

Zugleich verschafft dieses Buch Einblick in die Fernsehshows, die Tag für Tag in New York produziert werden, darunter einige der bekanntesten Late-Night-Shows der Welt mit *David Letterman, Conan O'Brien* und *Jon Stewart*. Sie erfahren, wie Sie an Tickets für diese Shows kommen, und finden einige interessante Touren und Museen, die Sie buchen und besuchen können, um mehr über die New Yorker Serien, Shows und Fernsehadressen zu erfahren.

Dieses Buch ist ein praktischer Reiseführer zu den Fernsehenswürdigkeiten New Yorks und zugleich eine unterhaltsame Anekdotensammlung mit vielen kuriosen und interessanten Hintergrundinformationen zu einigen der beliebtesten Fernsehserien von früher und heute.

Bitte beachten Sie, dass die meisten der in Fernsehserien gezeigten Gebäude in Privatbesitz sind, weshalb nur die Außenfront gezeigt wird und die Innenaufnahmen andernorts in Studios entstehen. Bitte respektieren Sie die Privatsphäre der Eigentümer und Anwohner.

Alle Informationen in diesem Buch sind auf dem Stand von November 2007. Änderungen von Anschriften, Telefonnummern, Eintrittspreisen, Öffnungszeiten oder Veranstaltungsterminen sind möglich.

Gute Reise!

SERIEN

Sex and the City 10
Friends 15
Bill Cosby Show 18
Taxi 20
Seinfeld 22
King of Queens 27
Chaos City 31
Will & Grace 34
Die Nanny 36
Verrückt nach dir 38
Becker 41
Dream On 43
Veronica 45
Männerwirtschaft 46
Welcome Back, Kotter 48
30 Rock 50
Law & Order 52
Law & Order: NY 56
Criminal Intent 58

Without a Trace 61
CSI: NY 64
Kojak 67
NYPD Blue 70
Cagney & Lacey 72
Shaft 74
Die Sopranos 77
Third Watch 80
Rescue Me 82
Alles Betty 84
Heroes 86
Fame 88
Sesamstraße 90

Sex and the City

Vier Frauen reden unentwegt theoretisch über Sex und üben ihn praktisch mit ihnen bekannten oder fremden Männern aus, um dann wieder darüber reden zu können. Eine von ihnen schreibt sogar darüber.

Comedy

Männer, die versehentlich mal dienstags abends nicht in die Kneipe geflüchtet waren oder von ihren Partnerinnen genötigt wurden, *Sex and the City* mit ihnen zu schauen, lernten zwei Dinge: 1. Frauen reden tatsächlich andauernd über Sex. 2. Die Gespräche sind gar nicht so interessant, wie man viele Jahre lang vermutet hatte.

Während viele Fernsehserien in Kalifornien gedreht werden und New York nur vortäuschen, waren in *Sex and the City* nur die Orgasmen vorgetäuscht, die Stadt war echt. Die Serie wurde komplett in New York gedreht, und entsprechend zahlreich sind die Fernsehenswürdigkeiten.

Beginnen wir zu Hause: Carrie Bradshaw, die von Sarah Jessica Parker gespielte Kolumnistin und Hauptfigur der Serie, wohnte zwar angeblich in der Upper East Side (245 East 73rd St.), diese Adresse gibt es aber gar nicht. Wer ein wenig durch Carries angebliche Wohngegend flanieren und ein Gefühl fürs Viertel bekommen möchte, wird ungefähr dort fündig, wo die 73rd Street die 2nd Avenue kreuzt.

Der tatsächliche Drehort liegt viel weiter südlich, in Greenwich Village. Die Stufen zur Haustür von 66 Perry Street hielten über Jahre als Carrie Bradshaws Stufen her, was für ihre Darstellerin ganz praktisch war, denn Sarah Jessica Parker wohnt im wirklichen Leben nur eine Straße weiter. Das Schild neben der Eingangstür zeigt nicht die Zahl 66, sondern 1866, was bei Touristen häufig zu Verwirrung führt. 1866 ist das Baujahr. (Auch andere Gebäude »spielten«

Carrie auf den Stufen … Okay, Carrie fehlt gerade, die müssten Sie sich vorstellen …

zwischendurch die Rolle von Carries Haus.)

Die Fernsehadressen der anderen Damen lauteten: 300 Gansevoort Street (Samantha), 700 Park Avenue (Charlotte) und 331 West 78th Street (Miranda). Keine dieser Adressen existiert allerdings tatsächlich.

Carrie Bradshaw: »An diesem Abend beging ich in Mr. Bigs Küche einen vollkommen unnatürlichen Akt. Ich kochte.«

Wenn gerade niemand Sex hatte, darüber sprach oder darüber schrieb – halt, dieser Fall kam quasi nicht vor –, mussten sich die Damen ja irgendwo aufhalten.

Von Carries Haus bis zur Magnolia Bakery, einem der gern gewählten Tratschplätze zum Thema Sex, sind es nur ein paar Schritte. Wenn Sie vor Carries fiktiver Haustür stehen und diese ansehen, drehen Sie sich nach rechts, gehen bis zur nächsten Ecke und biegen dort rechts ab in die Bleecker Street. Nach ein paar Metern auf der rechten Seite sind Sie da. Puh, nach der Anstrengung haben Sie sich aber einen Cupcake verdient! Die Magnolia Bakery ist für ihre Cupcakes berühmt, was jedoch eher am klugen Marketing und geschickter Platzierung in Serien wie dieser oder Filmen wie *Der Teufel trägt Prada* liegt als am Geschmack der Cupcakes. Deshalb Vorsicht: So berühmt die Dinger sind, so süß sind sie auch. Im Prinzip schmecken sie wie reiner Zucker, der mit einem Pfund Butter vermischt und sicherheitshalber noch mit etwas Süßstoff angereichtert wurde. (Der Autor dieser Zeilen ist bekennend schokoladensüchtig, konnte diese Cupcakes aber nur schwer verkraften.) Wenn Sie probieren wollen, kaufen Sie sich sicherheitshalber nicht mehr als einen, Kostenpunkt: Zwei Dollar. Wenn's schmeckt, können Sie ja immer noch nachkaufen – falls Sie den Nerv haben, sich vor einer Konditorei anzustellen. Zu bestimmten Stoßzeiten ist der Andrang so groß, dass eine Türsteherin den Einlass regelt.

Backe backe Cupcakes.

Damit das ständige Reden über Sex in der Serie nicht langweilig wurde, wechselten die Mädels öfter mal die Örtlichkeit. Eines ihrer Stammlokale war das »Scout«, das in der wirklichen Welt O'Nieals heißt (174 Grand

Bei der Gelegenheit

Nur wenige Straßen nördlich des O'Nieals ist Little Italy, ebenso nah Richtung Süden Chinatown. Auch das Puck Building aus *Will & Grace* ist nur ein paar Fußminuten entfernt.

Street). Der Fußweg von der Magnolia Bakery zum O'Nieals dauert etwa eine halbe Stunde. Wenn Sie auf Taxi, Bus oder U-Bahn verzichten und den Spaziergang machen möchten, gehen Sie die Bleecker Street in die Richtung zurück, aus der Sie eben gekommen sind, also Richtung Perry Street. Dort aber diesmal nicht abzweigen, sondern geradeaus, bis Sie auf die 6th Avenue (Avenue of the Americas) stoßen, und biegen Sie nach rechts (Richtung Süden) in diese ein. Dort, wo die Avenue of the Americas die Grand Street kreuzt, gehen Sie nach links (Richtung Osten) bis zu der Kreuzung, an der Grand Street, Baxter Street und Centre Market Place aufeinandertreffen. Das O'Nieals ist ein feines Lokal mit weißen Tischdecken, in dem ein Dinner zwischen 16 und 30 Dollar kostet.

Letztlich ist es natürlich nur ein Klischee, dass Frauen dauernd über Sex reden, und natürlich war das nicht alles, womit Carrie Bradshaw ihre Zeit verbrachte. Sie kaufte natürlich auch noch Schuhe. Viele. Teure. Und zwar bei Manolo Blahnik. Das ist viel weiter nördlich in der 54th Street, zwischen 5th und 6th Avenue (bzw. Avenue of the Americas). Wenn Sie bis dahin auch noch zu Fuß gehen, haben Sie die neuen Schuhe bitter nötig.

»Scout« heißt im wirklichen Leben »O'Nieals«.

Für Hardcore-Fans der Serie, die noch mehr Drehorte und Handlungsschauplätze sehen wollen, gibt es eine

Bei der Gelegenheit

In der Nähe von Manolo Blahnik finden sich viele weitere exklusive Geschäfte, außerdem die berühmte St. Patrick's Cathedral und das Rockefeller Center, das u. a. die Studios von NBC beheimatet.

Schauplätze

❶ 66 Perry Street, zwischen West 4th Street und Bleecker Street (Greenwich Village)
Subway: Blaue Linien A, C, E oder orange Linien F, V bis W 4th Street, alternativ rote Linien 1, 2 bis Christopher St./Sheridan Sq. Dann noch ein paar Minuten Spaziergang durch das ebenso schöne wie reiche Greenwich Village

❷ Magnolia Bakery, 401 Bleecker Street, Ecke 11th Street (Greenwich Village)

❸ Scout (O'Nieals), 174 Grand Street, an der Kreuzung von Baxter Street und Centre Market Place
Subway: Grüne Linie 6 bis Spring Street oder gelbe Linien N, R bis Prince Street. Dann noch ein paar Meter zu Fuß

❹ Manolo Blahnik, 31 West 54th Street, zwischen 5th und 6th Avenue (Avenue of the Americas)
Subway: Blaue Linie E oder orange Linie V bis 5th Ave./53rd St. Dann drei Minuten zu Fuß zur nördlichen Parallelstraße. Alternativ (z. B. vom O'Nieals kommend) die grüne Linie 6 bis 51st Street und ein paar Minuten länger zu Fuß Richtung Norden und dann links

Bustour, die sich mit nichts anderem als »Sex And The City Hotspots« beschäftigt und gut drei Stunden lang Fans zu mehr als 40 Orten in Manhattan bringt. Die Tour, die auch in deutscher Sprache angeboten wird, kostet 39 Dollar pro Person und kann online unter *www.sceneontv.com* oder telefonisch unter (001) 212-209-3370 gebucht werden. Treffpunkt ist am Südostende des Central Parks an der Ecke 5th Avenue/58th Street.

Die Innenaufnahmen entstanden in den Silvercup Studios (42–22 22nd Street) in Long Island City, Queens, auf deren Dach eine berühmte Kampfszene aus dem Film *Highlander – Es kann nur einen geben* mit Christopher Lambert gedreht wurde. Auch die Innenaufnahmen für diesen Film entstanden hier.

2007 kehrte das Ensemble von *Sex and the City* an seinen alten Arbeitsplatz zurück, um den gleichnamigen Kinofilm zu drehen.

(Sex and the City; 1998–2004) Sarah Jessica Parker: Carrie Bradshaw · Kim Cattrall: Samantha Jones · Kristion Davis: Charlotte York McDougal · Cynthia Nixon: Miranda Hobbes

Friends

Sechs Nachwuchsstadtneurotiker diskutieren ihre Beziehungskisten im Stammcafé und in einer viel zu großen Wohnung aus.

Comedy

Der Durchschnitts-New-Yorker muss wohl um die 30 sein, eine riesige Wohnung besitzen, obwohl er kaum Geld verdient, und kann, weil er ja keine Zeit zum Geldverdienen verplempert, unentwegt mit seinen Freunden abhängen.

Zumindest rühmte sich *Friends*, eine typische New Yorker Serie zu sein. Alle Schauplätze der Serie zusammen, die sich tatsächlich in New York befinden, kann man sich jedoch in kürzerer Zeit ansehen, als das Ensemble für das Drehen einer einzigen Szene gebraucht hat. Die Serie entstand komplett im Studio in Kalifornien.

In Hollywood erzählte man sich, mit keinem anderen Sitcom-Ensemble sei es so schwierig gewesen, eine Folge vor Publikum zu produzieren, weil die *Friends* so oft ihren Text vergessen hatten oder irgendwelche Extrawürste die Produktion in die Länge zogen. Sechs Stunden habe die Aufzeichnung einer 22-Minuten-Folge oft gedauert, zwei bis drei Stunden länger als bei anderen populären Sitcoms.

Im wirklichen Leben schienen die Hauptdarsteller zumindest so gute Freunde zu sein, dass sie bei Vertragsverhandlungen als eingeschworene Gemeinschaft auftraten. Immer, wenn wieder die Verlängerung ausgelaufener Verträge anstand, hielt das Ensemble zusammen. Es war

Die *Friends* halten immer zusammen.

Ein bekannter Anblick für alle *Friends*-Fans.

nur zur Einigung bereit, wenn alle das gleiche Geld pro Folge bekamen (Produzenten locken ganz gern mal einzelne Stars mit höheren Gagen und riskieren dadurch den Ausstieg eines anderen, um in der Summe noch Geld zu sparen). Außerdem ließen sie sich ein vergleichsweise gemütliches Wochenarbeitspensum zusichern, das weniger Proben vorsah und die bereits erwähnte Textunsicherheit verursachte. Es war offenbar auch niemand von ihnen bereit, jemals Los Angeles zu verlassen, um zum Beispiel eine Außenszene auf den Straßen New Yorks zu drehen, was bei *Seinfeld* immerhin noch gelegentlich geschah.

Chandler Bing: »Ich werde jetzt mal zu Joey rübergehen.«
Monica Geller: »Wir wollten doch aber noch die Schublade aufräumen, oder?«
Chandler Bing: »Ja, aber ich finde, dass ich meine feminine Seite für heute genug gepflegt habe. Wir beide sind noch zwei Parfumproben davon entfernt, ein lesbisches Paar zu werden.«

Bei *Friends* entstanden die New Yorker Außenszenen in Kalifornien, auf dem Gelände der Produktionsfirma Warner Brothers zwischen Hausfassaden aus Pappmaché. Dort steht auch der Brunnen, um den die Freunde im Vorspann herumtanzen – obgleich seine Inspiration am südöstlichen Ende des New Yorker Central Parks zu sehen ist. Der Pulitzer Fountain auf dem Grand Army Plaza diente als Vorbild, war im Original aber deutlich zu groß. Die Kulisse des Cafés »Central Perk« wurde nach dem Ende der Serie erhalten (normalerweise werden nicht mehr benötigte Kulissen schon allein aus Platzgründen zerstört) und kann im Rahmen der Warner Brothers Studio Tour in Los Angeles besichtigt werden.

Bei der Gelegenheit

Unten im Haus ist ein niedliches kleines Lokal namens »The Little Owl«, mit Hauptgerichten zwischen 19 und 29 Dollar. Und auch die Häuser aus *Sex and the City* und der *Bill Cosby Show* sind nicht weit.

Schauplätze

⑤ 90 Bedford Street, Ecke Grove Street
Subway: Blaue Linien A,C, E oder orange Linien F,V bis W 4th St, alternativ rote Linien 1, 2 bis Christopher St/Sheridan Sq. Dann noch ein paar Minuten Spaziergang durch Greenwich Village

⑥ Pulitzer Fountain, Grand Army Plaza, 5th Avenue, Ecke 59th Street/Central Park South
Subway: Gelbe Linien N,R, W bis 5th Ave./59th St.

Nur das Apartmenthaus der *Friends*, in dem sich Monicas Wohnung befunden haben soll, steht tatsächlich in New York. Es ist ein sechsstöckiges Haus aus dem Jahr 1900 an der Kreuzung Bedford Street, Ecke Grove Street in Greenwich Village, und es wirkt im Fernsehen größer, als es ist. Szenen mit den Hauptdarstellern wurden dort nicht gedreht (die Stars verließen Kalifornien einfach nicht), doch neue Szenen wurden regelmäßig durch Aufnahmen des Hauses eingeläutet.

Niemand mit dem spärlichen Einkommen der Seriencharaktere könnte sich im wahren Leben eine Wohnung in dieser New Yorker Gegend leisten, und schon gar keine in der im Fernsehen gezeigten Größe.

(Friends; 1994–2004) Jennifer Aniston: Rachel Green · Courteney Cox: Monica Geller · Lisa Kudrow: Phoebe Buffay · Matt LeBlanc: Joey Tribbiani · Matthew Perry: Chandler Bing · David Schwimmer: Ross Geller

Am Brunnen vor dem Park: Der Pulitzer Fountain war das Vorbild für den Brunnen aus dem *Friends*-Vorspann.

Bill Cosby Show

Frauenarzt Dr. Cliff Huxtable begutmenscht mit seiner Frau Clair die je nach Staffel drei bis fünf Kinder seiner Riesenfamilie, trägt währenddessen potthässliche Strickpullover und schneidet Grimassen.

Dr. William Cosby, der sich seinen Doktortitel in Erziehungswissenschaften in den Vorspann schreiben ließ, wird für vieles verantwortlich gemacht. Zum Beispiel für die Rettung des Genres Sitcom im Ganzen. Diese Form der Fernsehcomedy galt als so gut wie tot, bis Dr. Cosby seine familienfreundliche halbe Stunde ins Fernsehen brachte, während der an so gefährlichen Krisenherden wie unaufgeräumten Teenagerzimmern Schlichtungsgespräche in Sachen Taschengelderhöhung geführt wurden.

So sieht eine glückliche Familie aus.

Bei der Gelegenheit

In der Nähe (7th Avenue und Greenwich Village/West Village) sind viele gemütliche Lokale, und die Schauplätze aus *Sex and the City*, *Friends* und *Taxi* sind ebenfalls nah.

Diese Sitcom gilt zugleich als erste Fernsehserie mit ausschließlich schwarzen Hauptdarstellern, die weiße Zuschauer gleichermaßen ansprach. Einen besonders exquisiten Modegeschmack konnte man Bill Cosby allerdings vermutlich nie vorwerfen. Im **American Museum of the Moving Image** in Queens (siehe dort) sind vier der hässlichen Originalpullover aus der Serie ausgestellt.

Das Haus der Fernsehfamilie, die von Folge zu Folge zu wachsen schien, hat in der Serie die Adresse »10 Stigwood« in Brooklyn Heights. In Wirklichkeit ist der berühmte Hauseingang in Manhattan zu finden, in der kleinen Straße St. Luke's Place, die von der 7th Avenue abzweigt und auf vielen Stadtplänen gar nicht eingezeichnet ist. Sie ist im West Village, und wenn Sie von der Subway-Station Christopher St./Sheridan Sq. die 7th Avenue Richtung Süden gehen, zweigt sie nach einigen Minuten rechts ab. Das Cosby-Haus ist auf der rechten Seite.

Gedreht wurde die Serie dagegen zunächst tatsächlich in Brooklyn, in den NBC-Studios in Midwood (Avenue M und East 14th Street). 1987 zog die Produktion in die Kaufman Asto-

Cliff Huxtable: »Amerika ist ein großartiges Land, aber es bietet keine Möglichkeit, seine Kinder loszuwerden.«

ria Studios in Queens (Astoria, 35th Avenue und 36th Street), die auch die *Sesamstraße* beherbergen und auf deren Gelände sich das bereits erwähnte **American Museum of the Moving Image** befindet.

Die Familie wurde übrigens tatsächlich größer: Der Titel der Pilotfolge *(Warum haben wir vier Kinder?)* war schon in Folge 10 überholt. Da kam die auswärts studierende Sandra zum ersten Mal zu Besuch nach Hause und erhöhte den Zählerstand auf fünf. Später kam noch Olivia dazu, die Tochter von Denises Gatten.

Schauplatz

7 10 St. Luke's Place, Nähe 7th Avenue, West Village
Subway: Rote Linien 1, 2 bis Christopher St/Sheridan Sq. Dann noch ein paar Minuten Spaziergang entlang der 7th Ave.

Das angebliche Huxtable-Haus in Brooklyn steht in Wirklichkeit in Manhattan.

(The Cosby Show; 1984–1992) Bill Cosby: Dr. Cliff Huxtable · Phylicia Rashad: Clair Huxtable · Lisa Bonet: Denise · Malcolm Jamal-Warner: Theo · Tempestt Bledsoe: Vanessa · Keshia Knight-Pulliam: Rudy · Sabrina LeBeauf: Sandra (im US-Original: Sondra) · Raven-Symone: Olivia

Taxi

Die Belegschaft einer Taxigesellschaft beschäftigt sich mit sich selbst und erweckt nur peripher den Eindruck, irgendetwas mit Fahrgästen oder Ähnlichem zu tun zu haben.

Die meisten Taxifahrer der »Sunshine Cab Company« hatten eigentlich ganz andere Pläne. Sie jobbten hier nur, um Geld zu verdienen, wollten aber eigentlich etwas »Richtiges« werden. Oder Boxer. Nur Alex war Vollzeitfahrer, und der schmierige Louie saß vollzeit in der Funkzentrale.

Für heutige Verhältnisse wirkt diese Sitcom extrem gemächlich, doch damals setzte sie Maßstäbe und beflügelte gleich mehrere beginnende Karrieren: Danny DeVito wurde Weltstar,

Bei der Gelegenheit

Ein Stück nördlich des früheren Standortes der Dover Garage ist der Meatpacking District, zwischen 15th Street und Horatio Street und zwischen Hudson Street und Hudson-Ufer. Der Name leitet sich von seiner ursprünglichen Funktion ab. Das Viertel beherbergte vor allem Kühlhäuser und diente Schlachtern und Fleischern zur Lagerung und Weiterverarbeitung ihrer Produkte. Viele Fleischereibetriebe sind noch heute dort ansässig, doch zudem hat sich die Gegend in ein hippes Szeneviertel verwandelt, in dem es von trendigen Shops und coolen Bars nur so wimmelt. Ebenfalls in der Nähe befindet sich der frühere Schauplatz der »No Name Bar« aus *Shaft*.

Tony Banta: »Ey, Louie! Du wirst nie glauben, was mir passiert ist!«
Louie de Palma: »Was denn?«
Tony Banta: »Ich hab jemanden vom Flughafen abgeholt. Kam aus dem Ausland. Er sagt zu mir: ›Fahren Sie mich zum Plaza Hotel.‹ Das hab ich getan. Als wir da sind, zeigt der Taxameter 17 Dollar an. Der Kerl zieht einen Hunderter aus der Tasche und fragt mich: ›Ist das hier genug?‹«
Louie de Palma: »Oh yeah! Du kannst ein Glück haben. Von so was träumt unsereins. Weißt du, dass ich 15 Jahre Taxi fuhr und darauf wartete, dass mir das mal passiert?
Tony Banta: »Das war echt Irrsinn.«
Louie de Palma: »100 Dollar! So macht das Leben Freude! Was hast du mit dem Schein gemacht?«
Tony Banta: »Na, ihm 83 Dollar zurückgegeben.«

Tony Danza wurde später der Star in *Wer ist hier der Boss?*, Christopher Lloyd verkörperte später den verrückten Doc Brown in den *Zurück in die Zukunft*-Filmen, und Andy Kaufman wurde ein berühmter Komiker, über den lange nach seinem Tod der Film *Der Mondmann* gedreht wurde.

Das Gebäude, dessen Front als »Sunshine Cab Company« gezeigt

Tony (oben Mitte), Danny (unten Mitte), Taxi (nicht im Bild).

wurde, befand sich im West Village, Hudson Street, Ecke Charles Street. Die Dover Garage, wie sie wirklich hieß, war früher tatsächlich mal eine Taxizentrale. Sie wurde dann aber in ein Parkhaus mit Tankstelle umgewandelt und schließlich abgerissen. An ihrer Stelle steht seit 1998 ein einfaches Apartmenthaus, in dessen Erdgeschoss ein Drogeriemarkt untergebracht ist.

Schauplatz

8 Queensboro Bridge von Queens nach Manhattan, Höhe 60th Street
Subway: Gelbe Linien N, R, W bis 60th St. (Manhattan), oder mit den Linien N oder W eine Station weiter bis Queensboro Plaza (Queens)

Die Innenaufnahmen entstanden in den Paramount-Studios in Hollywood auf derselben Bühne, die später *Cheers* (spielte in Boston) und *Frasier* (Seattle) beheimatete. Der Vorspann wurde jedoch in New York gedreht. Darin sieht man das titelgebende Taxi unter anderem über die Queensboro Bridge fahren.

Von 2004 bis 2006 moderierte Tony Danza seine eigentliche werktägliche Talkshow aus New York.

(Taxi; 1978–1983) Judd Hirsch: Alex Reiger · Danny DeVito: Louie de Palma · Tony Danza: Tony Banta · Christopher Lloyd: Reverend Jim Ignatowski · Andy Kaufman: Latka Gravas · Marilu Henner: Elaine Nardo · Jeff Conaway: Bobby Wheeler

Seinfeld

Vier rücksichtslose Stadtneurotiker reden ausschweifend über nichts, machen aus den abwegigsten Gründen mit ihren jeweiligen Lebenspartnern Schluss und sich auch sonst überall unbeliebt. Politisch korrekt ist anders.

Comedy

Nichts war in den 90er-Jahren im amerikanischen Fernsehen so populär wie die Serie über nichts, mit der der Komiker Jerry Seinfeld zum Star wurde, der seither nie mehr hätte arbeiten müssen und tatsächlich auffallend wenig arbeitet. Von seltenen Auftritten im Fernsehen abgesehen, setzte sich Seinfeld 1998 im Alter von 44 Jahren zur Ruhe, nachdem er seine Serie auf eigenen Wunsch zu einem Zeitpunkt beendet hatte, als sie gerade die meistgesehene im US-Fernsehen und so erfolgreich wie nie zuvor war. Sein Sender NBC wollte ihn mit etlichen Millionen zum Weitermachen überreden, aber da Seinfeld schon im Vorjahr umgerechnet 245 Millionen Euro verdient hatte, entschied er sich, lieber ein bisschen mit seinen Autos umherzufahren, statt weiter zu arbeiten. Der Trickfilm *Bee Movie* war Ende 2007 seine erste größere Arbeit seit dem Ende seiner Serie. Darin sprach er in der US-Version die Hauptrolle, die er als Autor und Produzent des Films auf sich zuschnitt.

Dass es in *Seinfeld* »um nichts« ging, wie Seinfeld immer wieder beteuerte, stimmt natürlich nicht. Es ging um so aufregende Dinge wie Joghurt. Oder Kugelschreiber. Und wenn man lange genug darüber sprach, füllte das eine Episode ganz gut aus. Das Themenspektrum reichte von ausgeliehenen Büchern über Behindertenparkplätze bis Selbstbefriedigung – natürlich als Wettstreit, wer am längsten durchhält. Zwischendurch diskutierten die vier Singles Jerry, George, Elaine und Kramer immer wieder ihre erbärmlichen Beziehungsversuche aus und philosophierten über den Alltag.

Die politisch inkorrekte Serie spiegelte viele Kurio-

Invasion von der Vega: »Tom's Diner« alias »Monk's« alias »Tom's Restaurant«.

Auch unwichtige Dinge wollen ausgiebig diskutiert werden.

sitäten des typischen New Yorker Lebens wieder, obwohl sie zum größten Teil in Los Angeles gedreht wurde. Einige Außenaufnahmen entstanden auf den Straßen von Manhattan, und der berühmteste Schauplatz, die Fassade von »Monk's Diner«, dem Stammlokal der Gruppe, existiert dort ebenfalls. Es heißt in Wirklichkeit »Tom's Restaurant«, ist an der nordöstlichen Ecke der Kreuzung Broadway und 112th Street beheimatet und zugleich Namensgeber und Schauplatz des Songs »Tom's Diner« von Suzanne Vega. Sie erzählt darin, wie ihre Kaffeetasse nur halb gefüllt wird, weil der Typ am Tresen sich von einer gerade eintretenden Hübschen ablenken lässt, und beschreibt einen ganz normalen Morgen im Diner.

Das Lokal an sich ist ein Standard-Diner. Die Burger schmecken allenfalls durchschnittlich, sind aber deutlich günstiger. Das Essen kostet hier gewöhnlich etwa zwei Dollar weniger als anderswo, den Cheeseburger Deluxe gibt's schon für rund sieben Dollar. Das teuerste Gericht auf der Karte ist das Skirt Steak für 14,50 Dollar. Der Grund für die sehr zivilen Preise trotz der Berühmtheit des Lokals ist die Columbia University nur ein paar Meter weiter. Tom's Restaurant wird entsprechend häufig von Studenten aufgesucht.

An den Wänden hängen Porträts von Stars (vor allem der *Seinfeld*-Stars), Zeitungsartikel und Autogramme. Da nur die Außenaufnahme verwendet wurde, gleicht die Inneneinrichtung der aus der Serie nicht. Das Filmset aus »Monk's Diner« war vorübergehend im **American Museum of the Moving Image** in Queens ausgestellt. Da ist es nicht mehr, aber ein Besuch lohnt sich trotzdem (siehe dort).

Eine weitere New Yorker Küche inspirierte zu einer der berühmtesten *Seinfeld*-Folgen. In *Der Suppen-Nazi* ging es um einen rigorosen Suppenkoch, der in New York für seine hervorragenden Suppen ebenso berühmt war wie für seinen barschen Umgang mit den Kunden, wenn sie zu zögerlich waren und das Vorankommen der Schlange behinderten.

Inspiration war die »Soup Kitchen« (259A W55th St, Ecke 8th Ave) und ihr Inhaber Al Yeganeh, was der Sender NBC aber nie offiziell zugeben durfte, da Yeganeh mit seiner Darstellung unzufrieden war und die Öffentlichkeit scheute. Ein Zweifel bestand jedoch nicht. Ein Schild im Fenster wies bereits darauf hin, dass »die Schlange in Bewegung bleiben muss!«, man unbedingt das Geld parat haben und sofort nach der Bestellung »nach GANZ links rücken soll!«, um Platz für den Nächsten zu machen. Und geöffnet war ohnehin nur im Winterhalbjahr, im Sommer war Yeganeh auf Reisen, »auf der Suche nach neuen Rezepten«.

Schon bevor die Folge *Der Suppen-Nazi* im November 1995 erstmals ausgestrahlt wurde, hatten sich zur Mittagszeit lange Schlangen auf der Straße vor dem Geschäft gebildet, weil die Suppe so fantastisch war. Durch die zusätzliche Fernsehberühmtheit wurde der Andrang nur noch größer. Abschrecken ließ sich kaum je-

Schlange vor der damals noch geöffneten Original- »Soup Kitchen« im April 2001.

Bei der Gelegenheit

Ein Spaziergang über den Campus der Columbia University bietet sich an (2960 Broadway, von 114th bis 120th Street). Zwei der bekanntesten New Yorker Kirchen sind ebenfalls in der Nähe: die neugotische Riverside Church (490 Riverside Drive, zwischen 120th und 122nd Street) und die Cathedral Church of Saint John the Divine (1047 Amsterdam Avenue, Ecke 112th Street), sie ist 183,2 Meter lang und die drittgrößte christliche Kirche der Welt. Mit dem Bau, der bis heute nicht abgeschlossen ist, wurde 1892 begonnen. Meist befindet er sich aber gerade in einer Unterbrechungsphase. Die Kirche sollte ursprünglich die größte der Welt werden.

mand. Noch sechs Jahre nach dem Ende der Serie hielt Al Yeganeh sein kleines Geschäft aufrecht. Als seine Berühmtheit dann immer noch nicht nachgelassen hatte, gab er der Verlockung des Geldes nach, überwand plötzlich seine Öffentlichkeitsscheu und nahm ein Angebot an, aus seiner kleinen Suppenküche eine nationale Kette zu machen und die leckeren Suppen nach seinen bis dahin streng geheimen Rezepten im ganzen Land zu verkaufen.

Der erste Laden der neuen Kette »The Original SoupMan« eröffnete in der 5th Avenue direkt gegenüber der New York Public Library (4 East 42nd Street, Ecke 5th Avenue), inzwischen gibt es allein in Manhattan zehn davon. Auf *www.originalsoupman.com* stehen alle Adressen und Öffnungszeiten. Es gibt inzwischen auch T-Shirts mit den Regeln, dem Logo und sogar mit dem Gesicht des früher ach so scheuen Inhabers.

Seine ursprüngliche »Soup Kitchen« in der 55th Street, nahe bei der 8th Avenue, hat Yeganeh 2004 geschlossen. Die Räumlichkeiten waren zumindest bis November 2007 jedoch noch nicht weitervermietet, weshalb Schild und Schaufenster wie gehabt zu sehen sind.

Dort findet man in der Regel auch Flugblätter, die auf die Kenny Kramer Tour hinweisen. Kenny Kramer, der ehemalige Nachbar von Larry David, der gemeinsam mit Jerry Seinfeld die Serie schuf, diente als Inspiration für die Serienfigur Cosmo Kramer. Natürlich schlägt auch der echte Kramer daraus heute noch Profit: Er führt *Seinfeld*-Fans jedes Wochenende für 37,50 Dollar drei Stunden lang im Rahmen einer Multimedia-Tour mit Videoeinspielungen zu Schauplätzen aus der Serie. Die Tour kann online auf *www.kennykramer.com* oder telefonisch unter (001) 212-268-5525 ge-

Jerry Seinfeld: »Du starrst sie an, als hättest du eine Münze in ein Fernrohr auf dem Empire State Building gesteckt.«
George Costanza: »Es war ihr Dekolleté, ich konnte nicht wegsehen. Was hätte ich denn tun sollen? Das ist alles, was das Leben mir bietet.«
Jerry Seinfeld: »In ein Dekolleté zu gucken ist wie in die Sonne zu gucken. Du darfst es nicht zu lange tun. Es ist zu gefährlich.«

Hier arbeitete George. Oder was auch immer es war, was er dort tat.

bucht werden. Treffpunkt ist an der Kreuzung von West 44th Street und 9th Avenue.

Jerrys Haus kann man in New York nicht sehen. Zwar ist die Adresse des halbfiktiven Fernseh-Jerrys bekannt (129 West 81st Street, zwischen Columbus Avenue und Amsterdam Avenue), dieses Haus hat mit dem im Fernsehen gezeigten allerdings keine Ähnlichkeit. Das gezeigte steht in Wirklichkeit in Los Angeles. Man hätte es an den Erdbebenschutzvorrichtungen erkennen können. Oder an den Magnolien vor dem Haus, die in New York nun einmal nicht wachsen. Oder am Gefälle der Straße, das in diesem Ausmaß in New York nicht vorkommt.

Georges Arbeitsplatz aus späteren Folgen gibt es wirklich: Das **Yankee Stadium** des New York Yankees Baseballteams (161st Street, Ecke River Avenue in der Bronx), das vom Verein selbst so ernannte »berühmteste Stadion seit dem Collosseum in Rom«.

In *Seinfeld* spielte seit 1993 Jerry Stiller Georges Vater, einen Typen, der schon Ähnlichkeit mit Carrie Heffernans Vater Arthur Spooner hatte, den Stiller in *King Of Queens* spielte. Diese Serie begann in dem Jahr, in dem *Seinfeld* endete. Stiller spielte diese Rolle also quasi vierzehn Jahre lang.

Im wirklichen Leben ist Jerry Stiller der Vater von Ben Stiller.

Schauplätze

⑨ Monk's Diner (Tom's Restaurant), 2880 Broadway, Ecke 112th Street
Subway: Rote Linie 1 bis Cathedral Pkwy (110 St). Dann zwei Minuten Fußweg
⑩ Yankee Stadium, Ecke 161st Street und River Avenue Bronx
Subway: Orange Linien B, D oder grüne Linie 4 bis 161st St./Yankee Stadium

(Seinfeld; 1990–1998) Jerry Seinfeld: Jerry Seinfeld · Jason Alexander: George Costanza · Julia Louis-Dreyfus: Elaine Benes · Michael Richards: Cosmo Kramer

King of Queens

Paketausfahrer Doug Heffernan liebt seinen Fernseher und seine Frau, die gehässige Carrie. Dummerweise lebt deren anstrengender Vater Arthur mit im Haus.

Comedy

Eine außergewöhnliche Serie. *King of Queens* ist eine der wenigen Serien, die in New York, aber nicht in Manhattan spielen. Und eine der wenigen, deren Hauptfiguren keine neurotischen Yuppies oder Polizisten sind, sondern zur ganz gewöhnlichen arbeitenden Bevölkerung gehören.

Die Gegend, in der Doug, Carrie und Arthur wohnten, ist leicht zu finden. Es ist das Viertel Rego Park, zu erreichen mit den Linien G, R oder V, Ausstieg 63rd Drive Rego Park.

Doch wo die Nummerierung der Straßen in Manhattan die Orientierung erleichtert, verwirrt sie in Queens umso mehr. Rund um die Subway-Station gibt es eine 63rd Road, einen 63rd Drive und eine 63rd Avenue.

»Das« Haus der Heffernans gibt es nicht. Produktionsfirma und Sender legen großen Wert darauf, die genaue Adresse nicht bekanntzugeben, und verwirren bereits die Fernsehzuschauer, indem sie mindestens vier verschiedene Straßenzüge zeigen, wenn die Straße der Heffernans gemeint ist. Tatsächlich ist jedes Mal, wenn eine andere Perspektive zu sehen ist, auch eine andere Straße zu sehen, und mindestens eine davon ist nur eine Kulisse, die auf dem Produktionsgelände in Kalifornien aufgebaut ist. Oft gezeigt wird Penelope Avenue, ab der Ecke 83rd Street Richtung Woodhaven Boulevard. Die meisten Häuser in Rego Park und den benachbarten Stadtteilen Forest Hills und Glendale ähneln einander, um ein Haus im »Heffernan«-Stil mit rotem Backstein und weißen Fenstern zu finden, muss man nicht lange umherstreunen. Rego Park gilt als eines

Einer der Straßenzüge, die Dougs und Carries Wohngegend spielten.

Bei der Gelegenheit

Essen gehen! Penelope Avenue und die parallelen, ebenso ruhigen Straßen mit Wohnhäusern werden von zwei Hauptstraßen eingeschlossen: dem Woodhaven Boulevard und der Dry Harbor Road, auf denen es zahllose Geschäfte und Restaurants gibt. Hier ist es in der Regel etwas billiger als in Manhattan und auch nicht schlechter. Vielleicht essen Sie ja auch direkt im Cooper's.

der besseren Viertel von Queens und ist eine friedliche Gegend, in der ankommende Autofahrer sogar warten (und hupen), weil mitten auf der Straße ein Eichhörnchen sitzt. Ich erfinde das nicht, ich hab's selbst gesehen.

So finden Sie Penelope Avenue: Nahe der Subway-Station 63rd Drive Rego Park gehen Sie in südlicher Richtung den 63rd Drive entlang (der den Queens Boulevard kreuzt), nach ca. einer Viertelstunde stoßen Sie auf Penelope Avenue, die halb rechts abzweigt, von dort sind es noch einmal fünf Minuten.

Trotz neuer Fassade noch sehr einladend.

Im Viertel Rego Park in Queens spielte auch die Serie *Oliver Beene*, die die ARD 2006 zeigte.

Das »Cooper's« war das bierselige Stammlokal von Doug und seinen Freunden und hieß früher wirklich so, wegen seiner Nähe zur Cooper Avenue. Inzwischen haben die Besitzer gewechselt, die dem bekannten Lokal einen neuen Anstrich, eine neue Markise und einen neuen Namen verpassten. **»Yer Man's«** heißt es jetzt, ist ein Irish Pub, immer noch gemütlich, mit schummriger Atmosphäre und freundlicher Bedienung. Zu Lunch und Dinner gibt's die übliche Pub-Speisekarte mit Sandwiches, Burgern und Salaten.

Es liegt, von Manhattan aus gesehen, sehr abgelegen. Die U-Bahn-Fahrt bis

Carrie: »Du bist noch nicht so weit, Erwachsenenangelegenheiten alleine zu handhaben.«
Doug: »Das Risiko habe ich verstanden. Im Moment zahlen wir noch sieben Jahre an unserer Hypothek. Wenn wir hierzu wechseln, senken wir die Raten, weil wir die Zahlungen auf die nächsten dreißig Jahre verteilen.«
Carrie: »Oh, das klingt doch gut.«
Doug: »Meine einzige Sorge ist nur, werden wir uns noch so lange toll finden?«
Carrie: »Na ja, wenn du mich nicht für ein Roastbeef verlässt, werden wir das schon hinkriegen.«

Die Weltausstellung bestand damals aus etwas mehr als dieser ausgestellten Welt.

Rego Park dauert schon etwa eine Stunde, der Fußmarsch von dort bis zum Yer Man's noch einmal 45 Minuten, entlang einer achtspurigen Hauptstraße auf der einen und einem Friedhof auf der anderen Seite. Die Buslinie Q54 hält allerdings fast vor der Haustür, in diese können Sie an der Subway-Station Middle Village Metropolitan Avenue (braune Linie M) umsteigen.

Weiter zum Globus. Ein Eis für den Weg? Im Vorspann kauften Doug und Carrie ein Eis beim »**Lemon Ice King of Corona**«, einem kleinen Eisladen an der Dreier-Kreuzung 108th Street, 52nd Avenue und Corona Avenue (Joseph Lisa Memorial Square), und Doug ließ es fallen. Es handelt sich um Wassereis, das im Papierbecher serviert wird. Es gibt verschiedene Geschmacksrichtungen, und diese ausschließlich sortenrein; gemixt wird nicht. Wie in den USA üblich, ist die kleinste erhältliche Größe für 1,25 Dollar bereits etwas, das man in Deutschland als völlig normales Eis auf die Hand betrachten würde.

Den »Lemon Ice King of Corona« erreichen Sie am besten mit der lila Linie 7. Steigen Sie an der 111th Street aus. Achtung: Die Linie 7 teilt sich kurz vorher auf, und einige Züge überspringen diese Station. Steigen Sie rechtzeitig um oder fahren Sie gegebenenfalls wieder eine Station zurück oder gehen Sie notfalls eben schon ab dort zu Fuß. Wo auch immer Sie aussteigen, gehen Sie zurück zur

Bei der Gelegenheit

Das Viertel Corona war früher eine traditionell italienisch besiedelte Gegend und wird heute von vielen Einwanderern aus Mexiko, Indien und Pakistan bewohnt. In den 1920er- und 30er-Jahren lebten hier viele schwarze Jazzmusiker, unter anderem Louis Armstrong von 1929 bis zu seinem Tod im Jahr 1971. Sein Haus (34–56 107th Street, zwischen 34th und 37th Avenue) ist heute ein Museum. Das »Louis Armstrong House« hat dienstags bis freitags von 10 bis 17 Uhr geöffnet, am Wochenende von 12 bis 17 Uhr. Erwachsene zahlen acht Dollar Eintritt. Telefon (001) 718-478-8274, Internet: *www.satchmo.net*.

108th, dort links und bis zur besagten Kreuzung 108th Street, 52nd Avenue und Corona Avenue.

Wer auf den Bus umsteigen möchte: Die Buslinie Q23 Richtung Forest Hills hält direkt gegenüber dem Lemon Ice King auf der anderen Straßenseite (108th St/52nd Ave). Sie fährt an der Subway-Station Forest Hills/71st Ave ab (Linien E, F, G, R, V).

Von dort ist es nicht mehr weit bis zum **Flushing Meadows Corona Park:** biegen Sie einen Block weiter nach links in die 53rd Avenue ab, dann stoßen Sie nach ein paar Minuten auf den Park. Und dann sehen Sie auch schon den großen Unisphere-Globus aus Edelstahl, an dessen Fuß Doug und Carrie sich im Vorspann tummelten. Er wurde als Symbol des Friedens durch Völkerverständigung zur Weltausstellung 1964 errichtet und ist mit einem Durchmesser von 36,6 Metern und einem Gewicht von 317,5 Tonnen das weltgrößte Modell der Welt.

Auch im Film *Men in Black* spielte er eine Rolle, und in der Episode *Ehrensache* aus der Serie *Criminal Intent* mussten die Ermittler den Mord an einer Frau aufklären, deren Leiche unter dem Unisphere-Globus gefunden wurde.

In späteren Folgen wurde Carrie zur Berufspendlerin, weil sie fortan in Manhattan arbeitete. Als ihr Arbeitsplatz wurde das **Chrysler Building** gezeigt, einer der berühmtesten und schönsten Wolkenkratzer der Stadt.

Schauplätze

⑪ **Lemon Ice King Of Corona, 5202, 108th Street, an der Kreuzung mit 52nd Avenue und Corona Avenue**
Subway: Lila Linie 7 bis 111 St.

⑫ **Rego Park, Queens**
Subway: Grüne Linie G, gelbe Linie R oder orange Linie bis 63 Dr/Rego Park

⑬ **Cooper's (Yer Man's Irish Pub), 70–26 88th Street in Queens, Ecke Aubrey Avenue, Nähe Cooper Avenue**
Subway: Braune Linie M bis Middle Village Metropolitan Avenue, dann umsteigen in den Bus Q54

⑭ **Unisphere, Flushing Meadows Corona Park, Queens**
Subway: Lila Linie 7 bis Willets Point/ Shea Stadium

⑮ **Chrysler Building, 405 Lexington Avenue, Ecke 42nd Street**
Subway: Grüne Linien 4, 5, 6 bis Grand Central/42nd Street

Das Gebäude wurde 1930 fertiggestellt, ist bis zur Spitze 319 Meter hoch und war damals das höchste Gebäude der Welt. Zwei Monate vor der Eröffnung hatte jedoch der Bau des Empire State Building begonnen, das schon im Jahr darauf deutlich höher war.

(The King of Queens; 1998–2007) Kevin James: Doug Heffernan · Leah Remini: Carrie Heffernan · Jerry Stiller: Arthur Spooner · Victor Williams: Deacon Palmer · Patton Oswalt: Spence Olchin · Gary Valentine: Danny Heffernan

Chaos City

Die rechte Hand des trotteligen Bürgermeisters bewahrt New York City vor dem Chaos.

Comedy

Bürgermeister Randall Winston war ein Depp und setzte sich permanent in die Nesseln, und Mike Flaherty war der, der der Presse anschließend erklärte, dass das ja alles ganz anders gemeint war. Angesichts des chaotischen Haufens, der den Rest des Stabs von Bürgermeister Winston bildete, wunderte man sich allerdings dennoch, dass in der Stadt noch nicht die Anarchie ausgebrochen war.

Für Michael J. Fox war *Chaos City* die letzte regelmäßige Fernseharbeit. Seine Parkinson-Erkrankung zwang ihn, ab dem Jahr 2000 deutlich kürzer zu treten, und Charlie Sheen übernahm nach 100 Folgen die Hauptrolle. Fox ist seitdem noch gelegentlich in Gastauftritten in verschiedenen Fernsehserien zu sehen, u.a. in *Scrubs* und mehreren Episoden von *Boston Legal.*

Nach seinem Ausstieg zog die Produktion nach Los Angeles, die Handlung freilich blieb im New Yorker Rathaus angesiedelt. Bis dahin war *Chaos City* komplett in New York gedreht worden, auf einer Bühne im Entertainmentkomplex **Chelsea Piers** (zwischen Hudson River und 12th Avenue, Höhe 23rd Street), wo auch *Law & Order, Law & Order: New York* und *Criminal Intent* entstehen.

So witzig die Serie war, so unrealistisch war sie auch: Abgesehen von der eigentlichen Handlung war auch die Entfernung der beiden zentralen Schauplätze völlig abwegig. Warum sollte eine Gruppe von Kollegen, die im Rathaus arbeiten und sich nach Feierabend noch auf ein Bier treffen, dazu eine Kneipe wählen, die am anderen Ende der Stadt ist? In Laufnähe der 1914 erbauten City Hall in

Michael J. Fox im Dauerwahlkampf für seinen Bürgermeister.

Hier regiert das Chaos. Und im wirklichen Leben Michael Bloomberg. Oder sein Nachfolger.

Downtown Manhattan gibt es etliche gemütliche Lokale, doch die »Landmark Tavern« (626 Eleventh Avenue, Ecke 46th Street), die als Treffpunkt der Rathäusler herhält, erreicht man auf dem schnellsten Weg so: fünf Minuten zur Subway-Station Chambers Street hinüberlaufen, in die blaue U-Bahn-Linie A oder C einsteigen, sieben Stationen bis 42nd Street/Port Authority Bus Terminal fahren, dort entweder in einen Bus oder ein Taxi umsteigen oder eine Viertelstunde zu Fuß drei Avenues nach Westen und vier Streets nach Norden gehen. Sicher, man kann natürlich auch gleich ein Taxi über den West Side Highway nehmen, aber das dürfte im Feierabendverkehr nicht unbedingt schneller gehen. Wer will sich nach getaner Arbeit noch diesem Stress aussetzen?

Bei der Gelegenheit

Der kleine City Hall Park bietet sich für eine kurze Verschnaufpause an. Gleich gegenüber, am südlichen Ende des Parks auf der anderen Straßenseite des Broadway, ragt das historische Woolworth Building in den Himmel, eines der schönsten und ältesten Hochhäuser der Stadt. Es ist 241 Meter hoch, wurde 1913 fertiggestellt und war für die nächsten 17 Jahre das höchste Gebäude der Welt. Es kann nicht besichtigt oder bestiegen werden, sieht aber schon von außen beeindruckend aus. Nah sind auch die Schauplätze aus den Krimiserien *Law & Order, Law & Order: New York, Criminal Intent* und *Without a Trace.*

Schauplätze

⑯ City Hall
Subway: Gelbe Linien R, W bis City Hall, grüne Linien 4, 5, 6 bis Brooklyn Bridge – City Hall, braune Linien J, M, Z bis Chambers Street
⑰ Landmark Tavern, 626 Eleventh Avenue, Ecke 46th Street
Subway: Blaue Linien A, C, E bis 42 St. Port Authority Bus Terminal, dann eine Viertelstunde Fußweg Richtung Westen

Abgesehen von der Lage, weitab vom Schuss, ist der Besuch der »Landmark Tavern« durchaus nachvollziehbar: Eine feine Sache mit weißen Tischdecken und gemütlicher Atmosphäre, obgleich sie nicht ganz der bierseligen Trinkatmosphäre

Mike Flaherty: »Eichhörnchen sind nur Ratten mit einer besseren Publicity.«

entspricht, die die Serie vorgaukelt. Dinner-Hauptgerichte kosten zwischen 16 und 26 Dollar und umfassen einige sehr außergewöhnliche, wechselnde Speisen, es gibt ein Bar Menu mit Gerichten für 9 bis 15 Dollar und ein Kids Menu ab 7 Dollar. Die Bar ist aus Mahagoni. Das Essen nicht. Das Lokal existiert schon seit 1868 und war während der Prohibition ein sog. Speakeasy (illegale Kneipe), in dem illegal Alkohol ausgeschenkt wurde.

Der echte Bürgermeister Michael Bloomberg nimmt übrigens morgens die U-Bahn zur Arbeit, obwohl er sich natürlich von einem persönlichen Fahrer bringen lassen könnte. Er sagt, es sei Irrsinn, im Berufsverkehr in Manhattan ein Auto zu benutzen.

Der falsche Bürgermeister erhielt seinen Rollennamen von einem der Produzenten der Serie, von Randall Winston.

(Spin City; 1996–2002) Michael J. Fox: Mike Flaherty · Barry Bostwick: Bürgermeister Randall Winston · Richard Kind: Paul Lassiter · Alan Ruck: Stuart Bondek · Michael Boatman: Gordon (im Original: Carter) Heywood · Connie Britton: Nikki Faber · Alexander Gaberman: James Hobert · Heather Locklear: Caitlin Moore · Charlie Sheen: Charlie Crawford

Hier regiert der Wirt. »Landmark Tavern« in der 11th Avenue.

Will & Grace

Alle stehen auf Männer: der Anwalt, die Innenarchitektin, sein bester Freund und ihre schrille Sekretärin.

Kaum eine Serie konnte so viele Weltstars als Gastdarsteller begrüßen wie *Will & Grace:* Kevin Bacon, Cher, John Cleese, Glenn Close, Joan Collins, Macauley Culkin, Matt Damon, Michael Douglas, Minnie Driver, Jeff Goldblum, Janet Jackson, Elton John, James Earl Jones, Jennifer Lopez, Madonna, Barry Manilow, Demi Moore, Rosie O'Donnell, Sharon Osbourne, Mira Sorvino, Britney Spears, Sharon Stone, Gene Wilder und etliche andere. Aber auch wenige andere Serien mussten sich in diesem Maß vorwerfen lassen, die Handlung über all die großen Namen komplett zu vernachlässigen. Dabei hatte alles so kurzweilig angefangen: der schwule Will und die heterosexuelle Grace, beste Freunde seit jeher, verstanden sich prima und waren, von ein paar Neurosen abgesehen, eigentlich ganz normal. Für das Unnormale sorgten der überdrehte Klischeeschwule Jack und Graces beste Freundin und Sekretärin Karen, die schrille Kümmert-mich-nicht-Neureiche.

Der arme kleine Puck muss das ganze Jahr da oben auf dem Puck Building rumstehen.

Bei der Gelegenheit

Ein Spaziergang im **Riverside Park,** der sich am Flussufer von der 72nd Street bis zur 130th Street erstreckt, kann eine schöne Sache sein, und der Henry Hudson Parkway, die parallel, aber nicht auf gleicher Höhe verlaufende Stadtautobahn, stört merkwürdigerweise kaum. Richtung Osten stoßen Sie nach zehn Minuten auf den nördlichen Teil des **Broadway,** der in dieser Gegend zwar kaum Theater, aber viele Geschäfte und Restaurants beheimatet.

Schauplätze

⑱ 155 Riverside Drive, Ecke 88th Street (Upper West Side)
Subway: Rote Linie 1 bis 86th St. Dann noch etwa zehn Minuten zu Fuß in Richtung Westen
⑲ Grace Adler Designs, Puck Building, 295–307 Lafayette Street, zwischen East Houston Street und Mulberry Street
Subway: Orange Linien B, D, F, V bis Broadway/Lafayette St oder grüne Linie 6 bis Bleecker Street

Mit ihr arbeitete Grace im eigenen Design-Studio, als dessen Fassade das historische **Puck Building** diente (295–307 Lafayette Street), das von Lafayette Street, East Houston Street, Mulberry Street und Jersey Street eingeklemmt wird. Wenn Sie an der U-Bahn-Station Broadway/Lafayette Street aussteigen, steht es dort unübersehbar herum, vor allem zu erkennen an den goldenen Puck-Figuren über dem Eingang und an einer Ecke des Gebäudes. Puck, die Figur aus Shakespears »Sommernachtstraum«, gab dem Gebäude auf einem Umweg seinen Namen: Bis 1916 hatte hier das Satiremagazin »Puck« seinen Sitz.

Das Puck Building wurde 1885 erbaut und beherbergt heute u.a. mehrere Ballsäle, die für Veranstaltungen gemietet werden können, sowie eine Abteilung der New York University.

Will Truman: »Dein Outfit à la Audrey Hepburn gefällt mir!«
Grace Adler: »Toll! Du willst also sagen, ich habe einen langen Hals und die Brust eines Zwölfjährigen.«

Wer wohnt, wo Will & Grace wohnten, hat einen schönen Blick auf New … Jersey.

Am entgegengesetzten Ende der Stadt steht das zwölfstöckige Apartmenthaus von 1930, das als Fassade für Wills und Graces Wohnung dient. 155 Riverside Drive, Ecke 88th Street, ist ein mäßig attraktives Eckhaus in einer schönen Lage. Nur die Straße und der Riverside Park trennen es vom Hudson River.

(Will & Grace; 1998–2006) Eric McCormack: Will Truman · Debra Messing: Grace Adler · Sean Hayes: Jack McFarland · Megan Mullaly: Karen Walker

Die Nanny

Ein schrilles Kindermädchen hält die Familie eines gesitteten Broadway-Produzenten auf Trab.

Ein schrilles Kindermädchen, dessen nasale Quäk-Stimme im Original noch viel markanter war als in der deutschen Synchronisation, ein vornehmer Musicalproduzent, dessen Lieblingsfeind Andrew Lloyd Webber war, ein vorlauter Butler und eine unbefriedigte Freundin des Hauses, zugleich Koproduzentin des Hausherrn, die sich mit dem Butler schlagfertige Wortwechsel voller Gehässigkeit lieferte. Dazu noch ein paar Kinder, fertig.

Die Nanny hatte zwar in Deutschland nie einen Sendeplatz im Hauptabendprogramm wie in den USA, erlangte aber durch Dauerpräsenz in ständigen Wiederholungen einen enormen Bekanntheitsgrad. Hauptdarstellerin Fran Drescher, auch Mitschöpferin und Produzentin der Serie, spielte als ungehobelte Fran Fine den perfekten Gegenpart zum britischen Gentleman Maxwell Sheffield, und die Serie behielt so lange ihren Reiz, wie das »Kriegen-sie-sich-oder-

Treppenwitze: die Nanny mit Mini und Maxwell.

Bei der Gelegenheit

Keine zehn Minuten Fußweg entfernt ist das berühmte Metropolitan Museum of Art (1000 Fifth Avenue, Ecke 82nd Street), nach Besucherandrang zu urteilen eine der größten Attraktionen überhaupt in New York. Es hat dienstags bis sonntags ab 9.30 Uhr geöffnet, dienstags bis donnerstags und sonntags bis 17.30 Uhr, freitags und samstags bis 21.00 Uhr. 20 Dollar Eintritt werden verlangt.
Oder genießen Sie einfach den Central Park, oder schlendern Sie durch die Upper East Side. Das Haus aus *Männerwirtschaft* ist auch nicht weit entfernt.

Im wirklichen Leben würde hier vermutlich nicht Butler Niles öffnen.

kriegen-sie-sich-nicht«-Spielchen anhielt. Dann kriegten sie sich.

Die Sheffields wohnten standesgemäß in einer reichen Gegend der **Upper East Side,** nahe dem **Central Park.** Ab der U-Bahn-Station 77th St sind Sie noch ca. zehn Minuten zu Fuß unterwegs, gehen zwei Straßen nach Süden und drei nach Westen auf den Central Park zu, dessen Grün Sie nun bereits sehen können. Bevor Sie auf den Central Park stoßen, finden Sie die Hausnummer 7 in der East 75th Street auf der nördlichen Straßenseite, die als Außenfront des Sheffield-Hauses gezeigt wurde. Das Haus wurde 1910 erbaut. Die Innenaufnahmen wurden im Studio in Los Angeles gedreht.

Fran Fine: »Mr. Sheffield, ich dachte Sie hassen Katzen?«
Maxwell Sheffield: »Nur wenn sie Songs von Andrew Lloyd Webber singen.«

(The Nanny; 1993–1999) Fran Drescher: Nanny Fran Fine · Charles Shaughnessy: Maxwell Sheffield · Daniel Davis: Butler Niles · Lauren Lane: C.C. Babcock · Nicholle Tom: Maggie · Benjamin Salisbury: Brighton · Madeline Zima: Grace

Schauplatz

⑳ 7 East 75th Street, zwischen 5th Avenue and Madison Avenue
Subway: Grüne Linie 6 bis 77th St. Dann noch ca. zehn Minuten Spaziergang durch die Upper East Side

Verrückt nach dir

Ein verliebtes und frisch verheiratetes Paar, Paul und Jamie Buchman, lernt das Eheleben kennen und kämpft mit dem Alltag, den das New Yorker Großstadtleben parat hält.

Comedy

Verrückt nach dir gehört zu den romantischsten Serien überhaupt. Die unaufdringliche Harmonie, die das junge Paar ausstrahlte, die Leichtigkeit und der Humor, mit dem sie ihr Ehe- und sonstiges Leben angingen, suggerierten: Es gibt das große Glück mit dem Traumpartner, man muss es nur finden! Dämlicher Blödsinn, mögen viele jahrelang Verheiratete sagen, doch in mehrfacher Hinsicht gehört *Verrückt nach dir* zugleich zu den realistischsten Serien, zum Beispiel bezüglich der räumlichen Nähe der Schauplätze zueinander. Während in *Chaos City* die Stammkneipe der Rathausmitarbeiter abwegig weit vom Rathaus entfernt war, war es hier tatsächlich glaubhaft, dass die Buchmans von ihrem Apartmenthaus aus mal eben in »Riff's Bar« gingen. Auch das Haus an sich war realistisch. Es kann nun mal nicht jeder New Yorker in einem schicken, repräsentativen Stadthaus leben. Das Haus der Buchmans ist ein riesiger, langweiliger Klotz aus dem Jahr 1929 an der südöstlichen Ecke der Kreuzung 12th Street und 5th Avenue. Von dort geht man gut zehn Minuten bis zu ihrem Stammlokal, in dem in der Serie die planlose Ursula Buffay (Lisa Kudrow) bedient, eine serienübergreifende Zwillingsschwester von Phoebe aus *Friends*. »Riff's Bar« heißt in Wirklichkeit »Old Town Bar

Paul und Jamies Haus in *Verrückt nach dir*. Wer drin wohnt, muss es ja nicht sehen.

Jamie Buchman: »Dafür bekommen sie dieses Jahr keine Spende.«
Paul Buchman: »Wir haben noch nie gespendet.«
Jamie Buchman: »Ja, aber dieses Jahr habe ich deswegen kein schlechtes Gewissen.«

»Paragon Sporting Goods« glänzt mit hervorragender Auswahl und Bedienung.

& Restaurant« und befindet sich in der 18th Street zwischen Broadway und Park Avenue South. Im Gegensatz zur Frontansicht des Hauses hat der in der Serie gezeigte Innenraum des Lokals wenig mit dem Original zu tun, dieser war auf einer Studiobühne in Los Angeles aufgebaut.

»Old Town Bar & Restaurant« ist eine gut besuchte alteingesessene New Yorker Kneipe, die trotz vielfacher Präsenz in Film und Fernsehen (sie war ferner jahrelang mit ihrem echten Namensschild im Vorspann von David Lettermans Late-Night-Show zu sehen) weiterhin hauptsächlich von Einheimischen aufgesucht wird, und zwar zahlreich. In den Abendstunden ist der Laden rappelvoll. Die 40 Sitzplätze sind ohnehin schnell belegt, und alle Gäste, die keinen solchen bekommen haben, stehen eben mit einem Getränk in der Hand im Durchgangsbereich.

Bei der Gelegenheit

Der schöne Union Square am Broadway zwischen 14th und 17th Street ist nah und ohnehin die praktischste U-Bahn-Station. Montags, mittwochs, freitags und samstags von 8 bis 18 Uhr ist hier »Farmer's market«, ein großer Markt mit vielen Händlern, die frisches Obst, Gemüse, Gebäck oder Milchprodukte verkaufen. Der Platz war auch Dreh- und Angelpunkt der Sitcom *Fast wie zu Hause (Union Square; 1997–1998)*, die 2000 in der ARD gezeigt wurde und überwiegend im fiktiven »Union Square Diner« spielte.

Bar jeder Gelegenheit: »Old Town Bar & Restaurant« in der 18th Street.

Das Buch »Secrets of New York City« (Silver Lining; 2002) empfahl »Old Town Bar & Restaurant« auch als Quelle für das Aufschnappen von Klatsch und Tratsch und riet, am frühen Abend zu kommen, wenn die »serious drinkers« da sind. Die Leser der »New York Press« wählten das Lokal bereits mehrfach zur besten Bar Manhattans.

Es ist eine typisch amerikanische Bar mit einer sehr langen Theke, Barhockern und ein paar Sitzabteilen, und es gibt typisch amerikanisches Abendessen: Burger, Sandwiches, alles kostet um die 10 Dollar. An den Wänden das übliche Bild – Zeitungsausschnitte und Fotos Prominenter, die dort schon gegessen haben. Bei so vielen Stars, wie sie in New York wohnen und arbeiten, ist es nicht einfach, ein Lokal zu finden, in dem noch nie ein Promi gegessen hat.

Obwohl der Serienname der Kneipe anders lautete als der echte, sehen sich die leuchtenden Schriftzüge über dem Eingang sehr ähnlich. Gleiches gilt für »Buchman's Sporting Goods Company« ein paar Minuten weiter, das Sportgeschäft von Pauls Vater in *Verrückt nach dir*, das später Cousin Ira übernahm. Es heißt eigentlich »Paragon Sporting Goods Company«, sieht aber von außen genauso aus und von innen natürlich nicht (Kreuzung Broadway und 18th Street).

(Mad About You; 1992–1999) Paul Reiser: Paul Buchman · Helen Hunt: Jamie Buchman · John Pankow: Cousin Ira Buchman · Anne Ramsey: Lisa Stemple · Leila Kenzle: Fran Devanow

Schauplätze

㉑ 51 Fifth Avenue, Ecke 12th Street Subway: Gelbe Linien N, Q, R, W, grüne Linien 4, 5, 6 oder graue Linie L bis Union Square. Dann noch ca. fünf Minuten Fußweg

㉒ Riff's Bar (Old Town Bar & Restaurant), 45 East 18th Street, zwischen Broadway und Park Avenue South

㉓ Buchman's Sportgeschäft (Paragon Sporting Goods Company), 867 Broadway, Ecke 18th Street

Becker

Mürrischer Arzt behandelt lästige Patienten und motzt in seinem Stammlokal über das Leben und die Welt.

Dr. Becker war der legitime Vorgänger von *Dr. House:* Immer schlecht gelaunt, sarkastisch, und Patienten als solche mochte er auch nicht. Trotzdem half er ihnen. Das sollte aber nach Möglichkeit niemand erfahren.

Die Serie spielte in der Bronx, doch konkreter wurde es nicht. Die Adresse von John Beckers Praxis wurde nicht genannt, und es gab kaum »echte« Außenaufnahmen, nur solche, die auf dem Studiogelände gedreht wurden. Selbst zum Szenenwechsel gab es keine erkennbaren und wiederkehrenden Schauplätze, sondern nur unscharfe, verwackelte Bilder von typischen, aber nicht konkret erkennbaren Straßenecken in der Bronx.

Lediglich im Vorspann war ein bekanntes New Yorker Bauwerk zu sehen: Ausgerechnet die **Verrazano Narrows Bridge,** die innerhalb New Yorks von der Bronx kaum weiter entfernt sein könnte. Sie verbindet im Südosten

John Becker: »Man muss sich so viele unnütze Dinge merken: die Namen ihrer Eltern, die Farbe ihrer Augen, was sie beruflich macht …«

Nörgeln in the Bronx: Becker und Kollegen.

Die Verrazano Narrows Bridge lässt sich etwas hängen.

Bei der Gelegenheit

Wenn Sie beim nächsten Marathon mitlaufen wollen, können Sie ja jetzt noch ein wenig trainieren.

der Stadt Staten Island mit Brooklyn und ist mit einer Länge von 4176 Metern und einer Mittelspannweite von 1298 Metern (18 Meter länger als die Golden Gate Bridge in San Francisco) die längste Hängebrücke der USA und eine der längsten der Welt (zur Eröffnung 1964 war sie noch die längste). Beim Entwurf musste wegen der Länge die Erdkrümmung berücksichtigt werden. Über diese Brücke wird der New York Marathon, der durch alle fünf Bezirke geht, jedes Jahr im November geführt. Die Läufer starten auf Staten Island und haben gleich nach dem Start von der Brücke aus einen der traumhaftesten Blicke, die auf New York möglich sind: Man sieht die Südspitze mit der Skyline Manhattans, die Freiheitsstatue, die Häfen und Brooklyn. Den Rest des Jahres ist die Brücke für Fußgänger gesperrt. Schon seit Mitte der 90er Jahre gibt es Bemühungen verschiedener Interessensgruppen, die Brücke um Fußwege zu erweitern, bisher jedoch ohne Erfolg. Die Buslinien S53 und S79 fahren Staten Island über die Brücke an, z. B. ab der Subway-Station 86 Street in Brooklyn, zu erreichen mit der gelben Subway-Linie R.

(Becker; 1998–2004) Ted Danson: Dr. John Becker · Terry Farrell: Reggie Kostas · Hattie Winston: Sprechstundenhilfe Margaret Wyborn · Shawnee Smith: Sprechstundenhilfe Linda · Alex Désert: Jake Malinak · Saverio Guerra: Bob Benito · Nancy Travis: Chris Conner

Schauplatz

㉔ Verrazano Narrows Bridge zwischen Staten Island und Brooklyn
Subway: Gelbe Linie R bis 86th Street (Brooklyn)

Dream On

Zu jedem Ereignis in seinem Leben kommt Martin Tupper ein alter Fernsehausschnitt in den Sinn, den er als Kind gesehen hat, während seine Eltern ihn vor der Glotze geparkt hatten.

Comedy

Bevor die Autoren von *Friends Friends* erfanden, erfanden sie *Dream On,* eine Serie, die für Fernsehjunkies nicht idealer hätte sein können: Erstens kam sie im Fernsehen, zweitens zeigte sie innerhalb der eigentlichen Serie Ausschnitte aus anderen Filmen und Serien. Dem frisch von Judith geschiedenen Martin Tupper ging viel durch den Kopf, und meistens waren es alte Fernseherinnerungen, die indirekt seine gegenwärtigen Erlebnisse kommentierten.

Als Martins Wohnhaus wurde ein Gebäude aus dem Jahr 1900 im Künstlerviertel **SoHo** gezeigt (was für »South of Houston Street« steht

Bei der Gelegenheit

City Hall liegt schräg gegenüber, ebenso die meisten Gerichts- und Behördengebäude aus *Law & Order* und *Criminal Intent.* Ein Spaziergang durch **SoHo** ist ebenfalls interessant. Das alte Industriegebiet mit seinen vielen gusseisernen Fassaden wandelte sich in den 60er-Jahren zum Künstlerviertel und gehört heute zu den teureren Wohngegenden im ohnehin unanständig teuren Manhattan.

Dream On: das ideale Haus für Tupper-Partys.

Martin Tuppers Arbeitsplatz in *Dream On*.

und »Hausten« gesprochen wird, im Gegensatz zur Stadt Houston, die »Justen« gesprochen wird), einen Block in Richtung Süden und einen in Richtung Westen von der Subway-Station Spring Street entfernt.

Schauplätze

㉕ Apartmenthaus: 196 Spring Street, Ecke Sullivan Street
Subway: Blaue Linien A, C, E bis Spring Street. Dann noch ca. fünf Minuten Fußweg
㉖ Arbeitsplatz: The Court Square Building, 2 Lafayette Street (Nähe City Hall)
Subway: Braune Linien J, M, Z bis Chambers Street oder grüne Linien 4, 5, 6 bis Brooklyn Bridge–City Hall

Martin arbeitete bei einem Verlag für seinen Chef Gibby Fisk. Das Court Square Building von 1929 in der Lafayette Street, das das Verlagsgebäude spielte, beherbergt in Wirklichkeit keinen Verlag, sondern nur Büros.

Martin Tupper (will gerade seiner Freundin Sahne von den Beinen schlecken): »Ich mache mir ein wenig Sorgen wegen des Cholesterins.«

(Dream On; 1990–1996) Brian Benben: Martin Tupper · Wendie Malick: Judith · Chris Demetral: Jeremy · Michael McKean: Gibby Fisk

Veronica

Dessous-Unternehmerin schreibt Ratgeberbücher.

Noch eine Serie der Autoren von *Friends,* und auch diese spielte in New York. Kirstie Alley, bekannt aus *Cheers,* spielte die Leiterin eines erfolgreichen Dessous-Unternehmens, die zugleich Bestseller über erfolgreiches Eheleben schrieb, während ihr eigenes gescheitert war. Das Unternehmen hatte seinen Sitz im Flatiron Building, offiziell Fuller Building, einer der ältesten »Wolkenkratzer«der Stadt. Im Vergleich mit heute üblichen Gebäudehöhen wirkt das nur 91 Meter hohe Flatiron eher niedlich, doch bei seiner Fertigstellung im Jahr 1902 war es eines der höchsten Gebäude der Stadt. Seinen Namen erhielt es wegen seiner lustigen Form, die an ein flaches Bügeleisen erinnert.

Bei der Gelegenheit

Ein paar Meter weiter ist der Madison Square Park (von 23rd St. bis 26th St. zwischen 5th Ave. und Park Ave.), die Gegend, in der die Serie *Alles Betty* spielt.

Die Serie musste nach drei Staffeln eingestellt werden, weil Kirstie Alley in das schmale Haus nicht mehr hineinpasste. In der Folgezeit machte sie vor allem durch enorme Gewichtsprobleme auf sich aufmerksam und nahm sich in der semifiktionalen Comedyserie *Fat Actress* auf die Schippe, in der sie sich selbst spielte und die Probleme eines übergewichtigen Hollywoodstars thematisierte.

Veronica Chase: »Rate mal, was ich gestern Abend nicht gemacht habe.«
Josh Blair: »Deine Haare gewaschen?«

(Veronica's Closet; 1997–2000) Kirstie Alley: Veronica »Ronnie« Chase · Dan Cortese: Perry Rollins · Wallace Langham: Josh Blair · Daryl Mitchell: Leo Michaels · Kathy Najimy: Olive Massery

Schauplatz

27 Flatiron Building: 175 Fifth Avenue, an der Kreuzung von Broadway und 23rd Street
Subway: Gelbe Linien N, R, W bis 23 Street

Männerwirtschaft

Gegensätze ziehen sich an. Und wenn der eine sich auszieht, lässt er alle Klamotten rumliegen, was den anderen nervt.

Comedy

Der Fotograf Felix Unger liebte die Ordnung und gepflegtes Essen, der Sportjournalist Oscar Madison lebte im Chaos und hielt saure Gurken mit Schokoladenkeksen und Bier für ein ausgewogenes Frühstück.

Die Kabbeleien der ungleichen Männerfreunde basierten auf dem Theaterstück »The Odd Couple« von Neil Simon, das 1965 mit Art Carney als Felix und Walter Matthau als Oscar am Broadway uraufgeführt wurde. Eine Filmversion mit Matthau und Jack Lemmon als Felix folgte drei Jahre später (deutscher Titel: »Ein verrücktes Paar«), und weitere zwei Jahre später begann bereits die Fernsehserie mit Tony Randall und Jack Klugman, die ihre Rollen seitdem nicht mehr loswurden. In Wiederholungen war die Serie noch populärer als bei der Erstausstrahlung, und noch in den späten 80er-Jahren traten sie als Felix Unger und Oscar Madison in Werbespots auf. 1991 spielten endlich auch sie das Original Theaterstück am Broadway.

Das 1924 erbaute Haus aus *Männerwirtschaft.*

Bei der Gelegenheit

Die Nanny wohnt nicht weit weg. Noch näher ist das berühmte Solomon R. Guggenheim Museum für moderne Kunst (1071 Fifth Avenue, Ecke 89th Street), das schon durch seine Spiral-Architektur auffällt. (Geöffnet: samstags bis mittwochs von 10.00 Uhr bis 17.45 Uhr, freitags bis 19.45 Uhr) Erwachsene zahlen 18 Dollar Eintritt. Telefon (001) 212-423-3500, Internet: _www.guggenheim.org_.
In der Nähe sind noch viele weitere Museen, was erklärt, warum dieser Abschnitt der 5th Avenue auch »Museum Mile« heißt.

Streitereien sind bei diesem Pärchen an der Tagesordnung.

Im Theaterstück wohnten Felix und Oscar am Riverside Drive, im Fernsehen ist ihre Adresse 1049 Park Avenue (zwischen East 86th Street und East 87th Street), und das Gebäude, das tatsächlich an dieser Stelle steht, war auch im Vorspann der Serie zu sehen. Das Apartment 1102, in dem die beiden angeblich wohnten, gibt es in diesem Haus aber nicht.

Ebenfalls im Jahr 1970 startete in den USA noch eine weitetre Sitcom, die auf einem Theaterstück von Neil Simon basierte: In *Barfuß im Park* geht es um ein junges Ehepaar, das in einer spärlichen Ein-Zimmer-Wohnung in Manhattan lebt. Diese Sitcom war nicht annähernd so erfolgreich wie *Männerwirtschaft* und wurde nach nicht einmal einer Staffel eingestellt.

Oscar Madison: »Was haben dir meine Sachen getan? Hat dich 'ne Giraffe gebissen?«
Felix Unger: »Mein Zimmer wollte ich nicht in Unordnung bringen, aber ich muss was zerschlagen.«
Oscar Madison: »Halt, das nicht!«
Felix Unger: »Warum nicht?«
Oscar Madison: »Das ist ein Sandwich! Mein Abendessen!«

Schauplatz

㉘ 1049 Park Avenue (zwischen East 86th Street und East 87th Street)
Subway: Grüne Linien 4, 5, 6 bis 86 St.

(The Odd Couple; 1970–1975) Tony Randall: Felix Unger · Jack Klugman: Oscar Madison

Welcome Back, Kotter

Lehrer Kotter schlägt sich mit einer Gang halbstarker Sprücheklopfer herum, klopft aber mit.

Comedy

Die Siebziger: Man trug Koteletten und Frisuren, mit denen man heute durch keine Tür mehr passen würde. Die Schulsitcom *Welcome Back, Kotter* war zwar eigentlich ganz auf ihren Hauptdarsteller und Mitschöpfer Gabriel Kaplan zugeschnitten, machte jedoch zwei andere zu Stars: John Travolta, den Darsteller des obercoolen Schülers Vinnie Barbarino, und John Sebastian, der mit »Welcome Back«, dem Titelsong zur Serie, seinen einzigen Hit als Solist landete, Nummer 1 in den amerikanischen Charts. Zuvor hatte er bereits als Kopf der Band Lovin' Spoonful mit »Summer In The City« einen Nummer-1-Hit.

Barbarino (links), Kotter (rechts), barbarische Koteletten (überall).

In der Serie hieß die Schule »James Buchanan High School«, in Wirklichkeit ist es die »Erasmus Hall High School« in Brooklyn. Gabriel Kaplan ging dort zur Schule.

Gehen Sie von der Subway Station Church Ave Richtung Süden bis zur nächsten Kreuzung, dort stoßen Sie auf die Church Avenue. Gehen Sie nach links und entlang der Church Avenue vier Straßen weiter bis zur Flatbush Avenue, dann nach rechts. Nach ein paar Metern sind Sie da.

Ein Park wie im Prospekt.

Bei der Gelegenheit

Eine U-Bahn-Haltestelle weiter Richtung Norden (Parkside Ave., Linie Q) befindet sich der 2,1 km² große, 1867 eröffnete Prospect Park. (Oder ca. 10 Minuten Fußweg von der Subway-Station Church Ave.) Prospect Park ist Brooklyns Gegenstück zum Central Park in Manhattan, und er wurde von denselben Landschaftarchitekten gestaltet. Auch hier gibt es Veranstaltungen, einen Zoo, Imbissbuden, Spazier-, Jogging- und Radwege, Seen und Wiesen. Die 36 Hektar große »Long Meadow« gilt als die größte Parkwiese der USA.

Gabe Kotter: »Hey Julie, habe ich jemals die Geschichte erzählt, wie mich meine Lehrerin in der Schule fragte, wer die Unabhängigkeitserklärung unterschrieben hat?«
Julie Kotter: »Nein. Erzähl's mir.«
Gabe Kotter: »Okay. Ich bin in der Schule, die Lehrerin sagt: ‚Kotter, steht auf. Wer hat die Unabhängigkeitsreklärung unterschrieben?'«
Julie Kotter: »Was hast du gesagt?«
Gabe Kotter: »Ich sagte: ‚Ich weiß nicht. Aber ich weiß: Ich war's nicht.'«

Schauplatz

㉙ Erasmus Hall High School, 911 Flatbush Avenue, zwischen Church Avenue und Snyder Avenue, Brooklyn
Subway: Gelbe Linie Q oder orange Linie B bis Church Ave. Anschließend noch eine Viertelstunde Fußweg

(Welcome Back, Kotter; 1975–1979) Gabriel Kaplan: Gabe Kotter · John Travolta: Vinnie Barbarino · Lawrence Hilton-Jacobs: Freddie Washington · Robert Hegyes: Juan Epstein · Ron Palillo: Arnold Horshack · Marcia Strassman: Julie Kotter

30 Rock

Show in der Show – hinter den Kulissen einer Sketch-Comedyshow.

Diese Comedyserie spielt hinter den Kulissen der fiktiven Comedyshow *TGL,* die offensichtlich die echte Show *Saturday Night Live (SNL)* darstellen soll, auch wenn sie nicht deren Namen verwendet. Serienerfinderin, Autorin und Hauptdarstellerin Tina Fey war jahrelang selbst Mitglied des Ensembles von *Saturday Night Live* und spielt jetzt die Chefautorin der Truppe von *TGL,* die mit dem egozentrischen Star Tracy und wiederum ihrem exzentrischen Chef Jack Donaghy klarkommen muss. Im September 2007 wurde *30 Rock* mit dem Emmy als beste Comedyserie ausgezeichnet.

Der Name der Serie leitet sich von der Adresse des ausstrahlenden Senders ab: Sitz von NBC ist 30 Rockefeller Plaza in Manhattan (kurz: 30 Rock), das GE Building, benannt nach dem Konzern General Electric, dem NBC gehört. Es ist eines der bekanntesten und mit 259 Metern höchsten Gebäude New Yorks und beherbergt neben GE und NBC auch die Büros der Familie Rockefeller.

Der Bau wurde 1933 fertiggestellt. Im Jahr davor entstand auf der Baustelle das berühmte Foto »Lunch Atop a Skyscraper« von Charles C. Ebbets, das elf Bauarbeiter beim Stullenessen auf einem Stahlträger weit über Manhattan zeigt und heute in vielen Wohnzimmern hängt.

Werbung für die Serie *30 Rock* an der U-Bahnhaltestelle.

Bei der Gelegenheit

Auf dem Dach des GE-Buildings bietet die Aussichtsterrasse Top Of The Rock aus rund 300 Metern Höhe einen atemberaubenden Blick auf Manhattan. Mehr dazu steht bei *Late Night with Conan O'Brien* und *Without a Trace – Spurlos verschwunden.*
Knapp darunter bietet das Edelrestaurant Rainbow Room einen ähnlichen Blick zu gehobener Unterhaltung, gehobenen Speisen und gehobenen Preisen.

Die schmale Seite des GE Building, bekannt als 30 Rock.

Die Shows *Late Night with Conan O'Brien* und – natürlich – *Saturday Night Live* werden hier produziert. *30 Rock* wird ebenfalls in New York gedreht, jedoch nicht überwiegend in »30 Rock« in Manhattan, sondern in den Silvercup Studios (42–22 22nd Street) in Long Island City, Queens.

Im Vorspann sieht man außerdem die Statuen von Prometheus vor der Eislauffläche auf dem Rockefeller Plaza und von Atlas gegenüber der St. Patrick's Cathedral in der 5th Avenue aus den Jahren 1934 bzw. 1936.

(30 Rock; seit 2006) Tina Fey: Liz Lemon · Alec Baldwin: Jack Donaghy · Tracy Morgan: Tracy Jordan · Jane Krakowski: Jenna Maroney

Liz Lemon: »Mr. Donaghy, es ist mir sehr peinlich, ich entschuldige mich aufrichtig.«
Jack Donaghy: »Es muss Ihnen tatsächlich sehr peinlich sein, wenn Sie sich im Wandschrank verstecken.«
Liz Lemon: »Das ist mein Büro.«

Schauplätze

30 NBC Studios, 30 Rockefeller Plaza (49th Street zwischen 5th Avenue und Avenue of the Americas/6th Avenue)
Subway: Orange Linien B, D, F, V bis 47th – 50th Sts/Rockefeller Center
31 Atlas: 630 Fifth Avenue, zwischen 50th und 51st Street

Law & Order

Erst klären Polizisten einen Mordfall auf, dann wird der Fall vor Gericht verhandelt.

Das Konzept war innovativ und von Beginn an erfolgreich: *Law & Order* waren eigentlich zwei Serien: »Law«, ein halbstündiger Krimi, in dem ein Mörder gejagt wurde, und »Order«, eine halbstündige Gerichtsserie, in der der eben gefasste Mörder angeklagt wurde. Obwohl natürlich beide Formate miteinander verwoben waren, ging die Serie mit der formalen Trennung so weit, dass im Vorspann erst die Hauptdarsteller von Law, und dann, mit einem gesonderten »starring« die von Order gelistet wurden.

Das Ur-Ensemble von 1990: Chris Noth, George Dzundza, Michael Moriarty, Richard Brooks (v. li.).

Wer am Broadway ins Theater geht, egal welches Stück oder Musical, bekommt in den Schauspielerbiografien, die im Programmheft »Playbill« abgedruckt sind, den Eindruck, dass jeder, aber auch wirklich *jeder* Schauspieler eine Rolle in *Law & Order* in seinem Lebenslauf angibt. Das ist gar nicht so abwegig. Seit fast zwei Jahrzehnten wird die Originalserie gedreht, später kamen die ersten beiden Ableger *Law & Order: New York* und *Criminal Intent* dazu sowie der kurzlebige dritte Ableger *Law & Order: Trial by Jury*, der in Deutschland noch nicht gezeigt wurde. Das sind in der Summe weit mehr als 700 Serienepisoden, die bis jetzt produziert wurden – und alle in New York. Klar, dass man für die Tausende von Gast- und Nebenrollen auf die Schauspieler zurückgreift, die in New York ansässig sind. Und da die meisten Filme und Fernsehserien in Kalifornien produziert werden, verdienen die New Yorker Schauspieler ihr Geld überwiegend an den Theatern. Mal abgesehen von den ständig wechselnden Hauptdarstellern in *Law & Order*, die mittlerweile das zweite Dutzend »voll haben«.

Wenn der Weg das Ziel ist, hat *Law & Order* es erreicht.

Der größte und beständigste Star der Serie war Jerry Orbach, der die Hauptrolle des Lennie Briscoe zwölf Jahre lang spielte. Er hatte zuvor den *Privatdetektiv Harry McGraw* in der gleichnamigen ARD-Vorabendserie gespielt, doch seine in Deutschland bekannteste Rolle bis dahin war wohl »Babys« Vater in *Dirty Dancing.*

Er stieg im Mai 2004 aus der Serie aus und starb nur ein halbes Jahr später.

Nicht nur für die Schauspieler ist *Law & Order* ein Prestigeobjekt, auch für die Stadt New York, und für sie ferner ein Wirtschaftsfaktor. Sie ist die bekannteste und langlebigste Krimimarke, die in New York angesiedelt ist, und da sie auch dort produziert wird, sichert sie viele Arbeitsplätze, solange es sie gibt. Allein für die Originalserie werden 130 Mitarbeiter beschäftigt, 50 Millionen Dollar spült sie jedes Jahr in die Kassen der Stadt. Und obwohl permanent Leute umgebracht werden, ist *Law & Order* auch Werbung für die Stadt. Bürgermeister Michael Bloomberg bedankte sich mit zwei Gastauftritten in der Serie. In den Folgen *Vermächtnis eines Unbekannten* und *Blutrache* aus dem Jahr 2004, die im Sommer und Herbst 2007 in Deutschland gezeigt wurden, spielte er sich selbst. Im gleichen Jahr gab's auch ein hübsches Straßenschild: Ein Straßenzug bei Pier 61, der **Chelsea Piers** am Ufer des Hudson River, wurde nach der Serie **Law & Order Way** benannt. In den anliegenden Studios bei Pier 62 entstehen die Innenaufnahmen sowohl für *Law & Order* als auch für *Law & Order: New York* und für *Criminal Intent.* Die Außenaufnahmen finden quasi überall statt. Regelmäßiger Schauplatz sind die Stufen des **New York County Courthouse** und **Supreme Court** aus dem Jahr 1921 (60 Centre Street, Nähe Park Row) an der Kreuzung von Pearl Street, Centre Street und Foley Square. Wer an der Chambers Street Station aussteigt, sieht es schon. Ein beeindruckendes Gebäude, bei dessen mächtigem Anblick man sofort Respekt vor dem Gesetz bekommt. Auch das **Tweed Courthouse** von 1914 (52 Chambers Street, zwischen Broadway und Lafayette Street) nur drei Straßen südlich, auf der Rückseite von City Hall, ist mehrfach zu sehen, ebenso der **Surrogate's Court** aus dem gleichen Baujahr direkt gegenüber auf der anderen Straßenseite (31 Chambers Street). Der Seiteneingang des Surrogate's Court hält zuweilen als Polizeirevier her.

Weitere Szenen wurden an berühmten Schauplätzen, quer über die Stadt verteilt, gedreht, darunter das **Waldorf Astoria Hotel** (100 East 50th Street), das **Flatiron Building** (175 Fifth Avenue, zwischen 5th Avenue und Broadway an der Kreuzung mit der 23rd Street), die **Riverside Church** (490 Riverside Drive), das **General Grant National Memorial** mit den sterblichen Überresten von US-Präsident Ulysses S. Grant (Riverside Drive, Höhe West 123rd Street). Darüber hinaus dienten der **Riverside Park**, das **Circle Line Boat Terminal** (12th Avenue, Höhe 43rd Street), der **Central Park** und die **Wall**

Tweed Courthouse. Im Hintergrund ragt das weltberühmte Woolworth Building hervor.

Bei der Gelegenheit

Neben Sportclubs und anderen Freizeiteinrichtungen gibt es im gleichen Gebäudekomplex der Chelsea Piers bei Pier 59 die Chelsea Brewing Company, eine große Kneipe mit Hausbrauerei und Blick auf den Hudson River, wo die verschiedenen selbstgebrauten Biere doch etwas ausgefallener und abwechslungsreicher schmecken als das Standard-Massenbier, das fast überall ausgeschenkt wird.

Mike Logan (nach der Befragung eines Amateurporno-Produzenten): »Wie wär's denn mit dir in einem dieser Filmchen?« Lennie Briscoe: »Witzig. Meine Röntgenbilder sind mir schon zuwider.«

Street als Drehorte. Außerdem einige tatsächlich exisitierende Restaurants oder Geschäfte, wie der **Empire Diner** (210 10th Avenue, Ecke West 22nd Street), der **Carnegie Deli** (854 7th Avenue, Ecke West 55th Street) oder **Artie's Delicatessen** (2290 Broadway, Ecke West 83rd Street), die alle auch schon in anderen Filmen und Serien zu sehen waren, sowie viele unbekanntere Straßenecken, die einfach nur die Atmosphäre New Yorks vermitteln sollten.

Schauplätze

32 New York County Courthouse und Supreme Court, 60 Centre Street, Kreuzung mit Pearl Street/Foley Square
Subway: Braune Linien J, M, Z bis Chambers Street oder grüne Linien 4, 5, 6 bis Brooklyn Bridge bzw. City Hall

33 Tweed Courthouse, 52 Chambers Street, zwischen Broadway und Lafayette Street

34 Pier 62, Chelsea Piers, zwischen Hudson River und 12th Avenue, Höhe 23rd Street
Subway: Blaue Linien C, E bis 23rd Street Anschließend noch eine Viertelstunde Fußweg

35 Surrogate's Court, 31 Chambers Street, Ecke Elk Street

New York County Courthouse und Supreme Court, das Leibgericht der Serie.

Die konkreten Adressen, die zum Szenenwechsel eingeblendet werden, sind dagegen meistens erfunden und existieren nicht. An ihren Stellen finden sich leere Plätze, Baugrundstücke, Flüsse oder Brückenauffahrten. Die Gegenden und Straßen gibt es wirklich, allein die Hausnummer in der Regel nicht.

(Law & Order; seit 1990) Jerry Orbach: Detective Lennie Briscoe · Jesse L. Martin: Detective Edward Green · S. Epatha Merkerson: Lieutenant Anita Van Buren · Sam Waterston: Stellv. Bezirksstaatsanwalt Jack McCoy · Chris Noth: Detective Mike Logan · Dennis Farina: Detective Joe Fontana

Law & Order: New York

Polizisten klären Sexualverbrechen und Vergehen an Kindern auf.

Zunächst mal ist der Titel Blödsinn. *Law & Order: New York* spielt genau wie *Law & Order* in New York. Was diesen Ableger vom Original unterscheidet, ist also nicht die Stadt, sondern der Inhalt. Hier geht es nicht um wie auch immer motivierte Morde wie in *Law & Order,* sondern ausschließlich um Sexualverbrechen und Verbrechen an Kindern. Deshalb heißt die Serie im Original auch *Law & Order: Special Victims Unit.* Die deutsche Namensgebung war offenbar der ratlose und erbärmliche Versuch von RTL2, allein durch den Titel einen Erfolg wie bei den *CSI*-Serien zu generieren, die den Namen der jeweiligen Stadt im Titel tragen. Die *CSI*-Serien spielen allerdings auch nicht alle in der *gleichen* Stadt!

Das bunt gemischte Ermittler-Team aus *Law & Order: New York.*

Wie die Major Case Squad aus *Criminal Intent* gibt es die Special Victims Unit tatsächlich, sie heißt jedoch Special Victims Squad und befasst sich ausschließlich mit Sexualdelikten, deren Opfer überlebt haben.

Auch diese Serie dreht ihre Innenaufnahmen in den Studios der **Chelsea Piers** und den Rest überall, u.a. vor dem **New York County Courthouse** und **Supreme Court** (60 Centre Street). In diesem Gebäude gibt es einen speziell reservierten Raum, der oft für Dreharbeiten genutzt wird und dann als Gerichtssaal dienen muss. Das Gerichtsgebäude steht am Fuß der **Brooklyn Bridge,** die im Vorspann bei Nacht zu sehen ist.

Im Gegensatz zum Original *Law & Order,* für das in der Regel in jeder Staffel gleich mehrere Hauptdarsteller verschlissen werden, ist das Ensemble von *Law & Order: New York* enorm stabil und die Originalbesetzung noch vollzählig anwesend. Das Ermittlerduo Stabler/Benson stand von Anfang an im Vordergrund. Sie sind die Sensiblen, denen die traumatisierten Opfer vertrauen können. Und dann gibt es noch das Duo aus der zweiten Reihe, Munch und Fin, das optisch dubioseste Polizistenteam der Fernsehgeschichte, gespielt vom Komiker Richard Belzer und dem Rapper Ice-T, die in anderen Serien höchstens als Ganoven besetzt worden wären. Belzer hält den merkwürdigen Rekord, die gleiche Rolle in so vielen verschiedenen Serien gespielt zu haben wie niemand sonst. Er spielte zunächst sechs Jahre in der Krimiserie *Homicide* mit und seit deren Einstellung 1999 in *Law & Order: New York*, nebenbei absolvierte er Gastauftritte in den Serien *Law & Order, Law & Order: Trial by Jury, The Beat, Akte X* und *Arrested Development*, und immer als Detective John Munch.

Und erinnern Sie sich an die ehemalige Tagesschau-Sprecherin Susan Stahnke, die groß getönt hatte, Hollywood-Karriere machen zu wollen? Nun, dies war sie. In der Folge *Der Liebesbote* spielte sie eine Hotelmanagerin. Ihre einzige Sprechrolle in einer US-Produktion wurde also nicht einmal in Hollywood, sondern in New York gedreht.

Bei der Gelegenheit

J&R Music and Computer World (25 Park Row, schräg gegenüber vom City Hall Park) ist ein großer Elektronikladen, der Geräte, CDs und DVDs verkauft. Die Elektrogeräte haben eine andere Spannung und andere Stecker als in Deutschland üblich, die DVDs einen anderen Regionalcode, aber CDs kann man bedenkenlos einkaufen. Der Laden besteht eigentlich aus mehreren Läden nebeneinander, und jede Abteilung ist durch einen eigenen Eingang von der Straße aus zu erreichen.

Schauplätze

32 New York County Courthouse und Supreme Court, 60 Centre Street, Kreuzung Pearl Street/Foley Square
Subway: Braune Linien J, M, Z bis Chambers St. oder grüne Linien 4, 5, 6 bis Brooklyn Bridge–City Hall
34 Pier 62, Chelsea Piers, zwischen Hudson River und 12th Ave., Höhe 23rd St.
Subway: Blaue Linien C, E bis 23 St. Anschließend 15 Min. Fußweg.

Zeuge: »Gestern haben schon zwei andere Detectives nach Maria gefragt. Seit wann redet ihr nicht mehr miteinander?«
John Munch: »Das wäre zu effizient für unsere Bürokratie.«

(Law & Order: Special Victims Unit; seit 1999)
Christopher Meloni: Detective Elliot Stabler · Mariska Hargitay: Detective Olivia Benson · Richard Belzer: Detective John Munch · Ice-T: Detective Odafin »Fin« Tutuola · Dann Florek: Captain Don Cragen

Criminal Intent – Verbrechen im Visier

Robert Goren von der »Major Case Squad« schnüffelt herum und schüchtert Mordverdächtige ein, bis sie ihre Tat gestehen.

Krimi

Criminal Intent ist der zweite Ableger des erfolgreichen *Law & Order* und in Deutschland noch populärer als das Original. Das Schema weicht von diesem ab: Die Gerichtsverhandlung spielt hier keine Rolle mehr. Hier geht es um Motive, Absichten, um die Psyche des Täters und die Psychospielchen, mit denen Detective Robert Goren die Täter zum Geständnis bringt. Trotz eines Schauspieler-Ensembles ist er der unangefochtene Star der Serie. Sein Darsteller Vincent D'Onofrio tritt seit November 2004 aus gesundheitlichen Gründen kürzer, er war damals während der Dreharbeiten wegen Erschöpfung zusammengebrochen. Ein zweites Team ist seitdem im Spiel, angeführt von Chris Noth als Detective Mike Logan, der die gleiche Rolle Jahre zuvor bereits in der Originalserie *Law & Order* gespielt hatte.

Robert Goren (2 v. l.). Fühlen Sie sich jetzt schon eingeschüchtert?

Die Serie ist dafür bekannt, Handlungsideen aus den Schlagzeilen zu beziehen, obwohl formal darauf hingewiesen wird, dass die Handlung frei erfunden sei und keine tatsächlichen Personen oder Ereignisse dargestellt würden. So hatte eine Folge aus der sechsten

Das Polizeihauptquartier in *Criminal Intent* und im wahren Leben.

Staffel diesen Inhalt: Eine ehemalige Stripperin und Witwe eines bedeutend älteren Milliardärs starb unter mysteriösen Umständen; kurz zuvor war bereits ihr Sohn gestorben, und sie selbst hatte noch eine Tochter zur Welt gebracht hat; unter mehreren Männern brach ein Streit um die Vaterschaft aus, der durch einen DNA-Test beigelegt werden musste.

Wenige Monate vor Ausstrahlung der Episode war unter genau diesen Umständen Anna Nicole Smith gestorben.

Wie auch bei den anderen *Law & Order*-Serien werden die Innenaufnahmen im Studiokomplex der **Chelsea Piers** gedreht und die Außenszenen quer über die Stadt ver-

Schauplätze

(36) Police Headquarters, One Police Plaza, zwischen Park Row und Pearl Street, am Fuß der Brooklyn Bridge, unweit von FBI, City Hall und New York County Courthouse
Subway: Braune Linien J, M, Z bis Chambers Street oder grüne Linien 4, 5, 6 bis Brooklyn Bridge–City Hall

(37) Criminal Court & Prison: 100 Centre St., zwischen Leonard St. und White St.

(32) New York County Courthouse und Supreme Court, 60 Centre Street, Kreuzung von Pearl Street/Foley Square

(34) Pier 62, Chelsea Piers, zwischen Hudson River und 12th Ave., Höhe 23rd St.
Subway: Blaue Linien C, E bis 23rd St. Anschließend 15 Min. Fußweg.

Noch'n Gericht: Criminal Court & Prison.

teilt. Verschiedene Gerichtsgebäude spielen eine Rolle, vor allem das auch in den anderen Serien gezeigte **New York County Courthouse** und **Supreme Court** (60 Centre Street) sowie das Criminal Court & Prison (100 Centre Street, ein Stück nördlich zwischen Leonard Street und White Street). Beide sind in Laufnähe der U-Bahn-Stationen Chambers Street und Brooklyn Bridge–City Hall, ebenso wie das Polizeihauptquartier, **One Police Plaza.** Vor diesem sieht man die Hauptdarsteller am Ende des Vorspanns. Dort hat auch die echte »Major Case Squad« ihren Sitz. Doch während es zu Beginn je der Folge heißt, »In New York Citys

Alexandra Eames: »Ich finde sein Verhalten zum Kotzen.« (Verschwindet.)
Robert Goren: »Dieser Fall bringt sie als – wie heißt das Codewort? – Feministin zum Kochen.«
Verdächtiger: »Schon gut. Sie ist eine attraktive Frau in einem ehemaligen Männerberuf. Das ist schwierig.«
Robert Goren: »Attraktiv? Ah ja. Wenn Feindseligkeit sie antörnt.«

Kampf gegen das Verbrechen werden die schlimmsten Straftäter von den Detectives der Major Case Squad, der Abteilung für Kapitalverbrechen gejagt«, befasst sich diese Einheit in Wirklichkeit mit Entführungen, Raub und schwerem Diebstahl, aber gerade nicht mit Kapitalverbrechen.

(Law & Order: Criminal Intent; seit 2001) Vincent D'Onofrio: Detective Robert Goren · Kathryn Erbe: Detective Alexandra Eames · Jamey Sheridan: Captain James Deakins · Courtney B. Vance: Stellv. Bezirksstaatsanwalt Ron Carver · Chris Noth: Detective Mike Logan · Annabella Sciorra: Detective Caroyln Barek · Julianne Nicholson: Detective Megan Wheeler

Bei der Gelegenheit

Im Criminal Court (100 Centre Street) besteht im Erdgeschoss die Gelegenheit, sich tatsächliche Vorverhandlungen anzusehen, bei denen in der Regel die Anklagepunkte verlesen, ein Verhandlungtermin angesetzt und/oder eine Kaution festgelegt wird.

Without a Trace – Spurlos verschwunden

Das Vermisstendezernat des New Yorker FBI sucht nach verschwundenen Personen.

Krimi

Zu den vielen Auffälligkeiten von Manhattan gehören auch die endlos erscheinenden geraden Straßenschluchten, in die man oberhalb der 14th Street kilometerweit hineinschauen kann. Zu den Auffälligkeiten von Krimiserien wie *Without a Trace* gehört, dass solche Schluchten dort gar nicht so oft zu sehen sind, wenn die Ermittler in den »Straßen New Yorks« unterwegs sind. Die überdurchschnittlich vielen Straßen, die merkwürdigerweise auf Häuserfronten zulaufen, sind Pappmaché-Kulissen auf dem Gelände der Warner-Brothers-Studios in Los Angeles, die je nach Bedarf mal New York, mal Chicago oder mal Boston darstellen. Wenn die Straßen nicht so lang und gerade sind, muss man nämlich nicht so große Kulissen bauen. Innenaufnahmen entstehen ohnehin im kalifornischen Studio.

Dennoch kommt die TV-Crew auch immer wieder nach New York, um Außenaufnahmen zu drehen. Die spannende Doppelfolge *Schmutziges Spiel* und *Showdown* über ein Attentat auf einen afrikanischen General entstand zu maßgeblichen Teilen in Manhattan. Dreh- und Schauplätze waren **Park Avenue, Grand Central Terminal,** das **UN-Hauptquartier,** das **Port Authority Bus Terminal** und die Hafengegend in der Nähe des **South Street Seaport Museums** (South Street, Ecke Fulton Street) mit hübschem Blick auf **Brooklyn Bridge** und **Manhattan Bridge.** In *Der Wert eines Lebens* ist die Brooklyn Bridge von der anderen Seite zu sehen, mit Manhattan im Hintergrund (mehr

Das oft von oben gezeigte FBI-Gebäude mal von unten.

Der Blick vom Rockefeller Center auf das Empire State Building und Manhattan.

über den **Empire Fulton Ferry State Park,** der diesen Blick bietet, und wie Sie ihn finden, steht bei den *Sopranos*). Die Folge *Der erste Verdacht,* in der es um einen autistischen Jungen geht, der aus einem Museum verschwindet, spielt im **American Museum of Natural History** (Central Park West, Ecke 79th Street).

Das immer wieder zwischen Szenen vor allem aus der Luft gezeigte FBI-Gebäude ist der einzige New Yorker Schauplatz, der in allen Folgen zu sehen ist. Der 1977 fertiggestellte Bau beherbergt neben anderen Behörden tatsächlich das New Yorker Büro des FBI. Im Gegensatz zum Hauptquartier in Washington kann es allerdings nicht besichtigt werden.

Jack Malone: »Ehe, Kinder, der ganze Kram – ich sage nicht, dass ich es gut kann. Ich bin nur ein Fan!«

Schauplatz

38 FBI New York Field Office, 26 Federal Plaza; am Broadway zwischen Duane Street und Worth Street
Subway: Gelbe Linien N, R bis City Hall oder blaue Linien A, C bis Chambers St. Dann noch ca. fünf Minuten Fußweg

Bei der Gelegenheit

Ähnlich atemberaubend wie ein Rundflug mit dem Helicopter, doch deutlich günstiger und zeitlich unbegrenzt ist der Blick von den Aussichtsplattformen des **Empire State Building** und des **Rockefeller Center** (»Top of the Rock«). Für 16 Dollar bzw. 17,50 Dollar können Sie aus rund 300 Metern Höhe den Blick genießen, bis um Mitternacht die Aussichtsetagen geschlossen werden. Zahlen Sie weitere 14 Dollar, kommen Sie seit November 2005 im Empire State Building sogar noch 16 Etagen höher hinauf, in den 102. Stock.
Für beide Wolkenkratzer können die Tickets online bestellt und ausgedruckt werden. Ein Spontankauf am Ticketschalter ist natürlich ebenfalls möglich.
Empire State Building: 350 Fifth Avenue, Ecke 34th Street, *www.esbnyc.com.*
Subway: Orange Linien B, D, F, V oder gelbe Linien N, Q, R, W bis 34 St. Herald Square; alternativ grüne Linie 6 bis 33 St.
Eine telefonische Ticketbestellung wird nicht angeboten, unter (001) 212-736-3100 können aber Auskünfte z. B. über wetterbedingte Sichtverhältnisse und Wartezeiten eingeholt werden.

Top of the Rock: 30 Rockefeller Center, 50th Street zwischen 5th und 6th Avenue.
Telefon; Internet: (001) 212-698-2000; *www.topoftherocknyc.com.*
Subway: Orange Linien B, D, F, V bis 47th – 50th Sts/Rockefeller Center

Der »Rock Pass« für 45 Dollar verschafft zusätzlich Zugang zur Radio City Music Hall und zur NBC Studio Tour.

Wer dennoch lieber eine Hubschrauber-Runde drehen möchte, findet alle notwendigen Informationen auf den Internetseiten der Veranstalter. Ferner liegen in fast allen Hotels entsprechende Broschüren aus.
www.newyorkhelicopter.com, www.libertyhelicopters.com, www.heliny.com, www.inetours.com.

In der Nähe des FBI-Gebäudes sind **City Hall, Brooklyn Bridge** und **Ground Zero,** ebenso Schauplätze aus *Chaos City, Law & Order* und *Criminal Intent* (siehe dort).

Die in der Serie gezeigten Aufnahmen sind meist von Ost nach West gefilmt, mit dem **Hudson River** im Hintergrund, und zur Rechten ist Ground Zero zu erahnen.

Wer den Blick aus der Luft genießen will, kann eine Helicopter-Tour buchen, die zwar einen atemberaubenden Blick auf New York von oben bietet, aber unfassbar teuer ist: Eine gerade mal zehnminütige Runde über die **Freiheitsstatue** und Teile von Downtown kostet bereits mehr als 100 Dollar.

(Without A Trace; seit 2002) Anthony LaPaglia: Jack Malone · Poppy Montgomery: Samantha Spade · Marianne Jean-Baptiste: Vivian Johnson · Enrique Murciano: Danny Taylor · Eric Close: Martin Fitzgerald · Roselyn Sanchez: Elena Delgado

CSI: NY

Mac Taylor und sein Team sichern Spuren, analysieren Beweise, obduzieren Leichen, hantieren mit Fläschchen herum, machen nicht nachvollziehbare Dinge am Computer und klären auf diese Weise Mordfälle auf.

Krimi

Nach einem erfolgreichen Original, das in Las Vegas spielte, und einem international noch erfolgreicheren Spin-off in Miami war die New Yorker Variante *CSI: NY* der nächste Ableger von *CSI – Den Tätern auf der Spur.* Eines haben alle drei Serien gemeinsam: Sie werden in Los Angeles gedreht.

Es gibt keine wiederkehrenden Schauplätze und nichts, das den Arbeitsplatz der forensischen Ermittler der Crime Scene Investigation in New York darstellt. Stattdessen gibt es immer wieder neutrale Luftaufnahmen von Manhattan aus allen denkbaren Perspektiven.

Trotzdem spielten in einzelnen Episoden etliche markante New Yorker Schauplätze eine Rolle, und einige Szenen wurden tatsächlich in New York gedreht. Dazu nutzen Crew und

Tram über den Dächern von Manhattan.

Bei der Gelegenheit

Shoppen bei Bloomingdale's. Oder einfach nur gucken bei Bloomingdale's (1000 3rd Avenue, Ecke 59th Street). Einmal durch das Luxuskaufhaus schlendern und sich über die Tausend-Dollar-Unterhosen amüsieren ist ein großer Spaß. Es gibt natürlich auch günstigere Artikel. Für nur hundert Dollar bekommen Sie zum Beispiel ein Taschentuch. Allerdings auch noch günstigere, sonst könnten nicht so viele Menschen dort einkaufen. Bloomingdale's ist die Herkunft der braunen Papiertragetaschen in unterschiedlichen Größen, mit denen man viele Passanten durch New York gehen sieht. Es gibt sie als »little brown bag«, »medium brown bag« und »big brown bag«, und sie sind daran zu erkennen, dass in großen Buchstaben darauf steht: »little brown bag«, »medium brown bag« bzw. »big brown bag«.

Der Blick auf Manhattan von Roosevelt Island.

Schaupieler in der Regel die Sommermonate und kommen nach New York, um gleich mehrere Szenen für verschiedene Folgen zu drehen, bevor sie zum üblichen Produktionsrhythmus nach L.A. zurückkehren.

Deshalb finden sich die bekannten New Yorker Schauplätze als Tatorte vor allem in den ersten Folgen einer Staffel, während gegen Mitte die Menschen wieder in anonymen, nicht identifizierbaren Häusern ermordet werden.

Die dritte Staffel begann mit einem Mord auf der **Brooklyn Bridge,** in den nächsten Folgen sind die **Radio City Music Hall** und die **St. Patrick's Cathedral** zu sehen; in den ersten fünf Folgen der zweiten Staffel waren die folgenden Tatorte zu sehen: die Fassade des **Empire State Building, Grand Central Station,** der **Zoo in der Bronx, Little Italy** und eine Gondel der **Roosevelt Island Tram,** der kleinen Seilbahn-Linie, die Manhattan mit Roosevelt Island verbindet. Roosevelt Island ist eine kleine Insel im East River zwischen Manhattan und Queens.

Es ist eine von nur zwei Seilbahnen der USA, die für den öffentlichen Personennahverkehr in Betrieb sind. Vor allem Pendler benutzen sie, um von ihrem Wohnort auf Roosevelt Island zu ihrem Arbeitsplatz in Manhattan zu gelangen. Nach einem Stromausfall im April 2006, durch den die beiden Gondeln über Manhattan bzw. dem East River zum Stillstand kamen und 69 Fahrgäste für rund zehn Stunden in der Luft gefangen waren, war die Roosevelt Island Tram ein halbes Jahr außer Betrieb und wurde währenddessen generalüberholt. Sie verfügt jetzt über ein Notfallsystem und ist eine erlebenswerte Attraktion.

Die Tram fährt viertelstündlich. Die Fahrt dauert fünf Minuten und bietet einen schönen Blick über den und entlang des East River und auf Manhattan. Es lohnt sich auch, dort auszusteigen und ein wenig im Uferpark spazieren zu gehen, der ebenfalls einen traumhaften Blick auf die Skyline von Manhattan bietet. Besonders schön zu sehen sind das **Chrysler Building** und das **UN-Hauptquartier.** Mit dem öffentlichen Bus kann man für 25 Cent durch diese verkehrsberuhigte Wohngegend fahren, die früher vor allem Sitz von Krankenhäusern und Heilanstalten war. Die einfache Fahrt mit der Tram selbst kostet zwei Dollar, die Metro-Card, die für alle U-Bahnen und Busse in New York benutzt werden kann, ist aber auch hier gültig.

Mac Taylor: »Es ist nicht meine Aufgabe, zitierfähige Statements zu liefern.«

(CSI: NY; seit 2004) Gary Sinise: Mac Taylor · Melina Kanakaredes: Stella Bonasera · Carmine Giovinazzo: Danny Messer · Hill Harper: Dr. Sheldon Hawkes · Eddie Cahill: Detective Don Flack · Vanessa Ferlito: Aiden Burn · Anna Belknap: Lindsay Monroe

Schauplätze

39 Brooklyn Bridge: Park Row, gegenüber City Hall Park
Subway: Braune Linien J, M, Z bis Chambers St. oder grüne Linien 4, 5, 6 bis Brooklyn Bridge–City Hall. Für das andere Ende der Brücke auf der Brooklyn-Seite: Blaue Linien A, C bis High St.

40 Empire State Building: 350 Fifth Avenue, Ecke 34th Street
Subway: Orange Linien B, D, F, V oder gelbe Linien N, Q, R, W bis 34 St/Herald Sq. oder grüne Linie 6 bis 33 St., jeweils fünf Minuten Fußweg. Ein kurzer Blick nach oben zeigt die Richtung an, das Empire State Building ist nicht zu übersehen.

41 Grand Central Terminal: East 42nd Street zwischen Park Avenue und Lexington Avenue
Subway: Grüne Linien 4, 5, 6, lila Linie 7 oder graue Linie S bis Grand Central 42 St.

42 Bronx Zoo: Bronx River Parkway und Fordham Road Bronx; Fußgängereingang: Bronx Park South, Ecke Boston Road
Subway: Rote Linie 2 oder grüne Linie 5 bis West Farms Sq/E Tremont Av. Ca. fünf Minuten Fußweg in nördlicher Richtung entlang Boston Road, der Eingang für Fußgänger heißt »Asia Gate«

43 Little Italy: Mulberry St. und die Seitenstraßen zwischen Canal St. und Spring St.
Subway: Grüne Linie 6 bis Spring St. oder braune Linien J, M, Z bis Bowery

44 Roosevelt Island Tram: 60th St., Kreuzung mit 2nd Avenue
Subway: Orange Linien N, R, W bis Lexington Ave./59 St oder grüne Linien 4, 5, 6 bis 59 St, fünf Minuten Fußweg nach Osten

Kojak – Einsatz in Manhattan

Ein Glatzkopf lutscht Lollis, bringt Mörder hinter Gitter und findet das »Entzückend!«.

Krimi

Telly Savalas, noch kahler als der Kahle Asten, wurde als Kojak zum Megastar und neben Yul Brunner zum bekanntesten Glatzenträger Hollywoods. Der Bekanntheitsgrad der Rolle war so hoch, dass es nicht einmal Telly Savalas, selbst bedurfte, um die Rolle zu identifizieren. Der markante Hut und der Lolli reichten aus. Der Umkehrschluss, man benötige Telly Savalas auch nicht, um die Serie zu drehen, erwies sich jedoch 30 Jahre später als Fehleinschätzung. Die 2005 produzierte Neuauflage mit dem schwarzen Hauptdarsteller Ving Rhames war ein Flop. Die Originalserie dagegen ist ein Klassiker. Ihre regelmäßige Produktion endete schon 1978, doch bis 1990 schlüpfte Telly Savalas noch mehrmals für einzelne Folgen in Spielfilmlänge in seine berühmteste Rolle.

Der Mann, der die gleiche Frisur hat wie seine Lollis (beides nicht im Bild).

Für die »Katz's«: Stadtbekannte Delikatessen aus Graubrot.

Die Serie wurde ursprünglich in Los Angeles gedreht und lediglich ein paar Außenaufnahmen stammen aus Manhattan. Ab der vierten Staffel kam die Produktionscrew jedoch vermehrt nach New York, um noch mehr des typischen Flairs einzufangen. Die berühmte Fassade von Kojaks Wache war schon immer in New York. Das ursprüngliche Gebäude wurde 1912 errichtet und 2002 abgerissen. Dabei wurde die Fassade vorsichtig Stück für Stück abgetragen, um sie später originalgetreu wieder aufzubauen. Ihr Symbolcharakter durch die langjährige Fernsehprominenz war der Stadt durchaus bewusst. 2004 begann der Neubau, und im Juni 2007 konnten die Cops nach fünfjähriger Ausquartierung genau an der bisherigen Stelle wieder ihr Revier beziehen. Das Gebäude ist jetzt zwei Stockwerke höher, und die Eingangstür ist um einen Torbogen nach rechts gerutscht. Davon abgesehen ist es die bekannte Hausfront, hinter der sich jetzt die modernste Polizeiwache der Stadt verbirgt.

Theo Kojak: »Ich bin dein Fan.«

Die gleiche Wache stellte ab 1993 auch das Hauptquartier der Cops aus der Serie *NYPD Blue* dar.

Im realen New York kümmern sich die Polizisten um ein Revier mit

Schauplatz

45 321 East 5th Street zwischen 1st und 2nd Avenue
Subway: Orange Linien F, V bis Lower East Side/2nd Avenue oder grüne Linie 6 bis Astor Place, jeweils fünf bis zehn Minuten Fußweg

71 500 Einwohnern zwischen East 14th Street, Broadway und East Houston Street, das in den 70er Jahren für seine besonders hohe Kriminalitätsrate berüchtigt war und für Touristen als Tabuzone galt. Schon deshalb war gerade diese Wache für Krimiproduzenten immer besonders attraktiv. Heute ist die Lower East Side wie jedes andere früher berüchtigte Viertel in Manhattan aufgeblüht. Vermutlich bekommt man hier auch heute noch Drogen, doch die zwielichtigen Händler stehen nicht mehr an jeder Ecke.

(Kojak; 1973–1990) Telly Savalas: Lieutenant Theo Kojak · Kevin Dobson: Detective Barry Crocker · Dan Frazer: Frank McNeil · George Demosthenes Savalas: Detective Stavros · Mark Russell: Detective Saperstein · Vince Conti: Detective Rizzo

Bei der Gelegenheit

In zehn Minuten erreichen Sie zu Fuß **Katz's Delicatessen** (205 East Houston Street, Ecke Ludlow Street). Abgesehen davon, dass der Laden seit 1888 eine Institution ist, ist es auch das Lokal, in dem Meg Ryan im Film *Harry und Sally* Billy Crystal am Tisch einen Orgasmus vorspielte. Katz's Deli ist normalerweise hoffnungslos überfüllt und der Bestellvorgang kompliziert. Man benötigt zunächst ein Ticket, das man nach dem Eintreten ausgehändigt bekommt, darauf wird nach der Bestellung an der langen, unübersichtlichen Theke das Bestellte vermerkt, und an der Kasse bezahlt man dann sein Ticket. Die Sandwiches sind so berühmt wie groß. Wer nicht schwer heben darf, sollte sich nur ein halbes bestellen. Sie bestehen aus gewöhnlichem Graubrot mit Unmengen Belag, der beim Versuch, hineinzubeißen, unweigerlich herausquillt.

Das Lokal bediente ursprünglich vor allem die osteuropäischen Einwanderer in der **Lower East Side,** die damals noch ein Armenviertel war. Während des Zweiten Weltkriegs wurden Salamis von Katz's zu den Soldaten an die Front geschickt. Katz's warb damals mit dem Reim: »Send a salami to your boy in the army!«

Gehen Sie die East 5th Street in westlicher Richtung bis zur First Avenue, dann nach rechts und die First Avenue in südlicher Richtung, und von dieser biegen Sie fünf Straßen weiter nach links in die East Houston Street ab.

NYPD Blue – New York Cops

Antiheld klärt Kriminalfälle auf und zeigt gelegentlich seinen nackten Hintern.

Krimi

Wenn Schauspieler im Lauf ihrer Karriere verschiedene Rollen spielen können, warum sollten Gebäude das nicht auch? Und so spielt das gleiche Haus, das in *Kojak – Einsatz in Manhattan* zwanzig Jahre vorher den dreizehnten Bezirk gespielt hatte, diesmal den fünfzehnten. In Wirklichkeit ist es der neunte, war aber mal der fünfzehnte. Verwirrt? 1929 wurden die Polizeibezirke der Stadt neu durchnummeriert. Einen 15. Bezirk gibt es heute in New York nicht mehr, die Zählung der Polizeibezirke pausiert zwischen 13 und 17, das große Revier dazwischen heißt nur »Midtown South«. Weil die Zahl »15« aber noch an der Wand stand, wurde in *NYPD Blue* daraus wieder der 15. Bezirk.

NYPD Blue war der erste große Fernsehauftritt von David Caruso. Schnell wurde er damals populär und beschloss nach nur einem Jahr, jetzt aber so ein großer Star zu sein, dass er es nicht mehr nötig habe, in einer Fernsehserie mitzuspielen. Das war der vorläufige Tod seiner Karriere. Dennis Franz als Andy Sipowicz hätte ihn bestimmt schnell aufgeklärt. Sipowicz war ohnehin der eigentliche Star des Krimidauerbrenners *NYPD Blue:* Ein dicker, kahlköpfiger, frustrierter Säufer, also das genaue Gegenteil des typischen Fernsehhelden. Dass auch sein Hinterteil nicht sonderlich attraktiv war, ließen uns einige Nacktszenen, die im amerikanischen Fernsehen sonst eher unüblich sind, wissen.

Bei der Gelegenheit

Die Lower East Side galt lange als Tabuzone für Touristen. Hier wohnten um die Wende zum 20. Jahrhundert vor allem Einwanderer aus Osteuropa. Im **Lower East Side** Tenement Museum (97 Orchard Street, zwischen Delancey Street und Broome Street) sind noch heute im Rahmen verschiedener Touren Wohnungen in dem Zustand zu besichtigen, in dem ihre Bewohner sie im frühen 20. Jahrhundert verließen. Erwachsene zahlen 17 Dollar pro Tour. Mehr Infos online unter *www.tenement.org.*
Subway: Braune Linien J, M, Z oder orange Linie F bis Delancey St/Essex St.
Zwei Straßen östlich von 321 East 5th Street beginnt **Alphabet City.** Die großen Avenues, die Manhattan von Süden nach Norden durchlaufen, sind von Osten nach Westen durchnummeriert. Hier unten ist Manhattan etwas schief geraten, weshalb es östlich der First Avenue noch vier weitere Avenues gibt. Avenue A, B, C und D.

Das Polizeirevier mit der Doppelrolle in *Kojak* und *NYPD Blue*.

Manche Lokalstationen und Werbekunden boykottierten die Serie wegen der Halbnackten und schlimmer Ausdrücke wie »Drecksack«. Ja, das waren die prüden 90er.

Von David Caruso hörte man im folgenden Jahrzehnt so gut wie gar nichts, bis er schließlich wieder auftauchte. In einer Fernsehserie. Als Horatio Caine in *CSI: Miami* zeigte er, dass er zwar noch immer kein besserer Schauspieler geworden war, aber gelernt hatte, einer Serie sicherheitshalber eine Weile treu zu bleiben.

Die gern gefilmte Fassade der Polizeiwache steht inzwischen wieder. Das fast 100 Jahre alte Gebäude wurde 2002 abgerissen und 2007 mit der Originalfront wieder errichtet.

Schauplatz

45 321 East 5th St. zwischen 1st und 2nd Avenue
Subway: Orange Linien F,V bis Lower East Side/2nd Avenue oder grüne Linie 6 bis Astor Place. Anschließend jeweils fünf bis zehn Minuten Fußweg

Andy Sipowicz: »Was stimmt nicht mit diesem Land? Ich sag Ihnen, was nicht stimmt: Es sind all diese Ausländer, die zu uns kommen.«
Bobby Simone: »Detective Sipowicz ist ja einer der wenigen amerikanisch-polnischen Ureinwohner.«

(NYPD Blue; 1993–2005) Dennis Franz: Detective Andy Sipowicz · David Caruso: Detective John Kelly · Jimmy Smits: Detective Bobby Simone · Gordon Clapp: Detective Greg Medavoy · Kim Delaney: Detective Diane Russell

Cagney & Lacey

Zwei gewitzte Polizistinnen buchten Straftäter ein.

Krimi

Zu einer Zeit, als Krimiserien größtenteils aus schnellen Verfolgungsjagden bestanden, fiel diese aus dem Rahmen: Sie bestand aus schnellen Wortwechseln. Der verbale Schlagabtausch der gegensätzlichen Hauptdarstellerinnen war das Herz der Serie, die wiederum das Herz der Fans eroberte. So sehr, dass diese Fans nach der bereits vollzogenen Absetzung der Serie vom Sender CBS eine Fortsetzung erzwangen, indem sie ihn mit Zuschriften bombardierten und demonstrativ die Einschaltquoten für Wiederholungen in die Höhe trieben.

Cagney war so oft auf der Suche nach einem Sexualpartner wie Lacey nach einem Babysitter, und gemeinsam klärten sie auf eher unspektakuläre Weise Kriminalfälle im 14th Precinct in Mannhattan auf. Einen 14th Precinct gibt es in Wirklichkeit nicht mehr, die Zählung der Polizeibezirke pausiert zwischen 13 und 17, das große Polizeirevier dazwischen heißt nur »Midtown

Cagney (links) und Lacey.

Christine Cagney (kommt mit mieser Laune und einer Kaffeetasse ins Büro): »Was soll das mit dieser Einbalsamierungsflüssigkeit? Haben wir keinen Kaffee mehr?« Mary Beth Lacey: »Na, hattest du einen schönen Abend?«

Bei der Gelegenheit

Zum heutigen Polizeibezirk Midtown South gehören einige der bekanntesten Sehenswürdigkeiten der Stadt: Times Square, Empire State Building, Macy's, Madison Square Garden, Bryant Park, die New York Public Library und der Theater District.

South«. Der Bezirk hat geographisch die gleiche Größe wie der 9th Precinct (siehe *Kojak – Einsatz in Manhattan*), aber 55 000 Einwohner weniger. Die Gegend ist von Hotels, Restaurants, Bürotürmen, Geschäften, Kinos und Theatern geprägt.

Die Wache in der 35th Street hat keine Ähnlichkeit mit der im Fernsehen gezeigten. Wie zum Beispiel in *Sex and the City* oder *King of Queens* wurden auch im Lauf dieser Serie verschiedene Gebäude gezeigt, die das gleiche darstellen sollten.

Einige der Außenszenen wurden jedes Jahr an markanten Ecken New Yorks gedreht, z.B. am **Broadway,** vor dem East River Drive oder am **Rockefeller Center,** der große Rest entstand im Studio in Los Angeles oder auf dortigen Straßen, die mit ein paar simplen Tricks (ortstypische Taxis, New Yorker Zeitungsreklame etc.) als New York verkleidet wurden.

Gelegentlich sah man das echte Gebäude des **New York Supreme Court** (60 Centre Street, Kreuzung Pearl Street/Foley Square), das auch in den *Law & Order*-Serien eine Rolle spielt. Im Vorspann jeder Folge war darüber

Times Square.

hinaus der Blick auf Brooklyn Bridge und Manhattan vom **Empire Fulton Ferry State Park** aus (siehe *Die Sopranos*) zu sehen.

(Cagney & Lacey; 1982–1988) Sharon Gless: Christine Cagney · Tyne Daly: Mary Beth Lacey

Schauplatz

46 357 West 35th Street, zwischen 8th Avenue und 9th Avenue
Subway: Blaue Linien A, C, E oder rote Linien 1, 2, 3 bis 34th St./Penn Station

Shaft

Ein cooler Privatdetektiv klärt mit Gewalt Gewaltverbrechen auf.

Schafft was weg: Shaft.

Krimi

In drei Kinofilmen hatte sich der coole und brutale Detektiv John Shaft erfolgreich gegen Ganoven und die Polizei gleichermaßen durchgesetzt. Nicht zuletzt dank Shaft setzte sich auch das schwarze Kino in den USA durch, wo die afro-amerikanische Zielgruppe bis dato kaum eine Rolle gespielt hatte. »Blaxploitation« nannte man den neuen Boom. Shaft fiel damals durch seine extravagante Kleidung auf, und heute lernen wir daraus, dass man Rollkragenpullis in den 70er-Jahren für extravagante Kleidung hielt.

In der anschließenden Fernsehserie war alles etwas harmloser: Die Polizei war jetzt sein Freund und Helfer, und die Sprache musste auch bereinigt werden, um den amerikanischen

Bei der Gelegenheit

Die **Subway Station 14th** St. ist die schönste in ganz New York. Sie ist eine Art Kunstmuseum, und wer Museen nicht mag, muss ja nur so lange bleiben, bis der nächste Zug fährt.

Die fest installierte öffentliche Dauerausstellung »**Life Underground**« von Tom Otterness erstreckt sich über die ganze Station und besteht aus unzähligen kleinen Bronzefiguren, die im Stil von Karikaturen witzige Szenen darstellen. Sie sind überall: Auf dem Boden, an den Säulen, hinter Absperrungen und auf den Wartebänken. Auf den ersten Blick sind sie einfach putzig, auf den zweiten Blick erkennt man darin Kapitalismuskritik. Zwei kleine Reinigungskräfte mit Mütze fegen Münzen auf, ein Schwarzfahrer wird erwischt, ein riesiges Telefon frisst zwei Männer auf, und ein Alligator steckt seinen Kopf unter einem Kanaldeckel hervor, um seinerseits einen Mann zu fressen, der einen Geldsack anstelle eines Kopfs hat.

Die Skulpturen entstanden schon Mitte der 90er-Jahre, nach einem längeren öffentlichen Streit über die Finanzierung wurden sie schließlich in den Jahren 2000 bis 2002 in der Subway Station 14th St/8th Ave installiert. Der Künstler selbst nennt als Thema »die Unmöglichkeit, das Leben in New York zu verstehen.«

Fernsehstandards zu entsprechen. Viele Fans empfanden, dass der saubere Shaft nicht mehr Shaft sei, weshalb die Fernsehserie nur sieben Folgen überlebte. Dabei war noch vieles gleich: Ex-Model Richard Roundtree in der Hauptrolle ebenso wie die berühmte Titelmusik von Isaac Hayes und New York als Schauplatz. Seine Fälle führten Shaft oft ins Schwarzenviertel Harlem rund um die 125th Street, doch sein Apartment lag im West Village in Manhattan. Die Adresse 55 Jane Street existiert nicht, aber in unmittelbarer Nähe der Stelle, wo sie sein müsste, gab es die »No Name Bar«, in der sich ein Teil der Handlung abspielte. Leider wurde aus »No Name Bar« inzwischen »No Bar«, und an ihrer Stelle findet sich heute »Piccolo Angelo« (621 Hud-

John Shaft: »Ich kriege nicht genug bezahlt, um mir darüber Kopfschmerzen zu machen, was der Polizeipräsident und der Bürgermeister denken!«

Kunst am Zug: Subway Station 14 St./8 Ave.

Der »Museumseingang«.

son Street), ein freundliches kleines Familienlokal mit Hauptmahlzeiten für Preise zwischen 10 und 21 Dollar, Gnocchi sind die Spezialität des Hauses.

Schauplatz

47 621 Hudson Street, zwischen Jane Street und West 12th Street
Subway: Blaue Linien A, C, E bis 14th St oder graue Linie L bis 8th Ave. Anschließend fünf bis zehn Minuten Fußweg.

Bei den U-Bahn-Haltestellen 14th St. (blaue Linien) und 8th Ave. (graue Linie) handelt es sich um dieselbe Haltestelle. Sie hat zwei Namen, je nachdem ob man in Nord-Süd- Richtung gefahren ist oder aus Westen kommt. Da die blauen Linien entlang der 8th Avenue verlaufen, müsste in Nord-Süd-Richtung andernfalls jede Haltestelle »8th Ave.« heißen, ebenso verhält es sich mit der grauen Linie L, die entlang der 14th Street verläuft.

(Shaft, 1973–1974) Richard Roundtree: John Shaft · Ed Barth: Lt. Al Rossi

Exkurs: Die Fernehpolizei

Die Zusammenarbeit zwischen der Film- und Fernsehindustrie und der Polizei funktioniert seit Jahrzehnten hervorragend. Weil Filme und Serien, die in New York angesiedelt sind, in jedem Fall eine Werbung für die Stadt darstellen, selbst wenn es sich um noch so brutale Krimis handelt, unterstützt die Polizei die Produzenten in vielerlei Hinsicht. Drehgenehmigungen werden kostenlos ausgestellt, und auch die Arbeit der 1966 eigens gegründeten Film- und Fernseheinheit der New Yorker Polizei ist für die Produzenten unentgeltlich. Diese Einheit sorgt vor allem durch Absperrungen dafür, dass Dreharbeiten auch an ungewöhnlichen Orten möglich sind, aber gleichzeitig der Verkehr weiterhin fließen kann und der normale Tagesablauf der New Yorker nicht beeinträchtigt wird. Daneben stellen sie zum Beispiel Arbeitsgenehmigungen aus und beaufsichtigen die »Tatorte«, Stunts und Spezialeffekte wie Explosionen und Feuer, um die Sicherheit der Passanten und Anwohner zu gewährleisten.

Die Sopranos

Mafiaboss geht in Therapie.

Mit den *Sopranos* wurde das Fernsehen neu erfunden, behaupten viele einflussreiche Medienjournalisten. Schnell, hintergründig, in die Tiefe gehend und vielschichtig wie nie zuvor wurden verschiedene Erzählebenen miteinander verwoben, die sich zur Geschichte dieser vordergründig ganz normalen Familie summierten, bei der Papa von Beruf Mafiaboss war. Seiner Therapeutin erzählte er, er sei in der Abfallbranche, aber die Therapeutin war natürlich auch nicht blöd. Die vielfach ausgezeichnete Serie war die erfolgreichste, die der Pay-TV-Kanal HBO je auf Sendung geschickt hatte und definierte ihn fortan: Man erwartete nun grundsätzlich einen gewissen Drama-Stil, der mutiger war als der Mainstream, den die großen Sender produzierten, aber auch derber. Den *Sopranos* ist es zu verdanken, dass viele HBO-Dramen der folgenden Jahre mit enormen Vorschusslorbeeren bedacht wurden und dass auch die großen werbefinanzierten Sender in ihren Erzählweisen mutiger und vielschichtiger wurden.

Die Serie spielte zum größten Teil in New Jersey. Das Haus der Familie ist in North Caldwell (16 Aspen Drive), der Heimatstadt des Schöpfers David Chase, und der Stripclub »Bada-Bing« ist in Wirklichkeit das »Satin Dolls«, 230 State Route 17 South, in Lodi, und eine alte Werkstatt in Kearny (101 Kearny Avenue) wurde zu Satriale's Pork Store, wo Tony Soprano so etwas wie sein Büro unterhielt. Im Herbst 2007, drei Monate nach dem Ende der Serie, wurde das Gebäude abgerissen, vorher bot

Mulberry Street Bar: Film- und Fernsehmacher filmen gern in Bars, dann ist das Bier nicht weit.

Der unvergessliche Blick auf Manhattan vom Empire Fulton Ferry State Park.

der Eigentümer noch 2000 einzelne Ziegel der Fassade als Andenken für 25 bis 50 Dollar das Stück zum Verkauf an.

Mehrere Szenen wurden auch in Manhattan gedreht, zum Beispiel im **Meatpacking District** (zwischen 15th Street und Horatio Street und zwischen Hudson Street und Hudson-Ufer) und in der Mulberry Street Bar (176 ½ Mulberry Street, Ecke Broome Street). Diese bekannte Bar in **Little Italy** hatte auch schon »Auftritte« in *Kojak* und *Law & Order.*

Gut für krumme Geschäfte war auch der Platz am Fuß der Brooklyn Bridge auf der Brooklyn-Seite, weil man dann so schön die Skyline von Downtown Manhattan im Hintergrund sehen konnte. Steigen Sie an der Subway-Station High St in Brooklyn aus und gehen Sie so lange die Old Fulton Street entlang, vorzugsweise in die Richtung, in der die Skyline von Manhattan liegt, bis Sie ans Wasser kommen. Anhalten. Gucken. Genießen. Rechts davon, zwischen **Brooklyn Bridge** und **Manhattan Bridge,** liegt der **Empire Fulton Ferry State Park,** der fast den gleichen schönen Blick auf Manhattan bietet, aber zusätzlich noch die Brooklyn Bridge ins Bild rückt. Dieser Schauplatz mit dem traumhaften Hintergrund wurde auch in unzähligen anderen Filmen und Serien benutzt. Jack Malone aus

Bei der Gelegenheit

Spazieren Sie über die Brooklyn Bridge zurück nach Manhattan. Es ist die schönste Brücke der Stadt. Vom deutschen Einwanderer John (Johann) August Roebling für ein Jahresgehalt von 8000 Dollar entworfen, von seinem Sohn Washington und dessen Frau Emily vollendet, 1883 nach 14 Jahren Bauzeit eröffnet, 1,8 Kilometer lang mit einer Spannweite von 486 Metern, war sie damals nicht nur die längste Hängebrücke der Welt, sondern auch das höchste Bauwerk der Stadt – zählt man allerdings nur die knapp 90 Meter der Pfeiler oberhalb des Wassers, war die neugotische Trinity Church ganz in der Nähe gut einen Meter höher.
Der Weg in diese Richtung lohnt sich noch mehr als der Gang Richtung Brooklyn, denn jetzt haben Sie die Skyline vor Augen statt im Rücken. Der Spaziergang zu Fuß über die Brücke dauert etwa eine halbe Stunde.

Without a Trace traf sich hier mit vermeintlich Entführten, im Vorspann von *Cagney & Lacey* und *Harrys wundersames Strafgericht* war diese Perspektive zu sehen, außerdem dient sie als Zwischenbild zum Szenenwechsel in *Hallo Holly* und *Chaos City.*

Einziger regelmäßiger Sopranos-Schauplatz mit Anbindung an Manhattan war der wenig attraktive Lincoln Tunnel, durch den Tony Soprano im Vorspann fuhr.

Die Innenaufnahmen entstanden in den Silvercup Studios (42–22 22nd Street) in Long Island City, Queens.

Wer zum Beispiel aus Schutzgelderpressungen 42 Dollar übrig hat, kann für diesen Betrag eine vierstündige Bustour mitmachen, die samstags und sonntags Fans an mehr als 40 Schauplätze aus der Serie bringt. Sie beginnt an der Ecke 7th Avenue und 39th Street in Manhattan und kann online auf *www.sceneontv.com* gebucht werden, wo auch die *Sex And The City Hotspots Tour* und die *New York TV & Movie Sites Tour* angeboten werden (siehe jeweils dort).

(The Sopranos; 1999–2007) James Gandolfini: Tony Soprano · Edie Falco: Carmela Soprano · Nancy Marchand: Livia Soprano · Dominik Chianese: »Onkel Junior« Corrado Soprano · Michael Imperioli: Christopher Moltisanti · Lorraine Bracco: Psychiaterin Dr. Jennifer Melfi

Schauplätze

48 Mulberry Street Bar (176 ½ Mulberry Street, Ecke Broome Street)
Subway: Braune Linien J, M, Z bis Bowery, dann zu Fuß die Bowery einen Straßenblock nach Süden und dann die Broome Street drei Straßen nach Westen.
49 Empire Fulton Ferry State Park, am Fuß der Brooklyn Bridge, Brooklyn
Subway: Blaue Linien A, C bis High St. (Brooklyn), dann ca. 10 Minuten Fußweg.
50 Lincoln Tunnel zwischen New York und New Jersey, Höhe 38th Street
51 16 Aspen Drive, North Caldwell, New Jersey
52 »Bada-Bing« (»Satin Dolls«): 230 State Route 17 South, Lodi, New Jersey

Third Watch – Einsatz am Limit

Feuerwehr, Rettungsdienst und Polizei retten Menschenleben. Feuerwehrleute, Rettungsdienstler und Polizisten kümmern sich außerdem um ihre eigenen Leben.

Action

Wie keine andere Serie setzte sich diese mit den Terroranschlägen des 11. September 2001 auseinander. *Third Watch* spielte nicht nur in New York und wurde dort gedreht, sondern stellte genau die Menschen in den Mittelpunkt, die am 11. September zu Helden wurden. Die Anschläge ereigneten sich kurz vor Beginn der dritten Staffel. Da die Serie ein realistisches Porträt der verschiedenen Rettungskräfte bleiben und zugleich deren Leistungen würdigen wollte, war das Bedürfnis groß, die Anschläge zu thematisieren. Um gar nicht erst in die Versuchung unangemessen reißerischer Darstellungen zu kommen, sparten die Produzenten den eigentlichen Tag der Katastrophe aus. Stattdessen zeigte die erste der beiden neu produzierten Folgen, wie die Protagonisten den 10. September und die Nacht zum folgenden Tag verbrachten. Die nächste spielte bereits zehn Tage später und befasste sich mit der immer noch anhaltenden Suche nach Vermissten und den Aufräumarbeiten. Bereits im Oktober 2001 wurden diese beiden Folgen zu Beginn der dritten Staffel ausgestrahlt. In der Woche zuvor gab es statt einer regulären Episode eine Dokumentation, in der echte Feuerwehrleute und Sanitäter, die nebenberuflich als Berater für *Third Watch* arbeiteten, in ihren

Spätschicht in Queens. Und das Empire State Building leuchtet ihnen.

Bei der Gelegenheit

Auf dem Vernon Boulvard (47th Avenue Richtung Manhattan und dann links) bis zur Subway-Station Vernon Blvd./Jackson Ave. (lila Linie 7) sind ein paar ganz nette Kneipen.

Schauplatz

53 FDNY Engine 258/Ladder 115: 10–40 47th Avenue in Long Island City, Queens. Zwischen Vernon Boulevard und 11th St.
»Camelot« (Badge Building): 10–55 47th Avenue, in Long Island City, Queens, Ecke 11th Street
Subway: hellgrüne Linie G bis 21 St. Dann fünf Minuten Fußweg

Sapperlott: Camelot!

Kim Zambrano (ins Telefon): »Bitte lassen Sie Ihren Laden noch offen, bis wir kommen. Ich muss heute Abend dieses Kleid haben. Wir sind in zwanzig Minuten da.« (Zu Carlos:) »Wir müssen noch mal nach SoHo.«
Carlos Nieto: »Es ist Rush Hour, wie sollen wir das denn schaffen?«
Kim Zambrano: »Martinshorn, Baby!«

eigenen Worten erzählten, wie sie den 11. September erlebt hatten.

Das Polizeirevier der Serie trug den Spitznamen »Camelot«, benannt nach dem Schloss von King Arthur, weil der fiktive Standort des Reviers an der Kreuzung der King Street mit der Arthur Street war. Eine Arthur Street gibt es tatsächlich in Queens, auch eine King *Road*, doch sie kreuzen sich in Wirklichkeit nicht. Die echte Adresse des in der Serie gezeigten Gebäudes ist 10–55 47th Avenue in Long Island City in Queens, und das Feuerwehrhaus aus der Serie steht schräg gegenüber auf der anderen Straßenseite.

Wenn Sie an der Subway-Station 21st Street ausgestiegen sind, gehen Sie die 47th Avenue in die Richtung, in der Sie die Skyline von Manhattan sehen. Die Straße läuft auf den East River zu. Bevor Sie an den Fluss kommen, erreichen Sie aber das Polizeirevier auf der rechten und das Feuerwehrhaus auf der linken Seite.

(Third Watch; 1999–2005) Eddie Cibrian: Jimmy Doherty · Amy Carlson: Alex Taylor · Kim Raver: Kim Zambrano · Bobby Cannavale: Bobby Caffey · Michael Beach: Monte »Doc« Parker · Anthony Ruivivar: Carlos Nieto · Molly Price: Faith Yokas · Jason Wiles: Maurice »Bosco« Boscorelli · Skipp Sudduth: John »Sully« Sullivan · Coby Bell: Ty Davis, Jr.

Rescue Me

Hartgesottene New Yorker Feuerwehrmänner löschen Brände, retten Leben und sind auf den zweiten Blick gar nicht so hartgesotten.

Tommy ist ein echter Mann. Ein Feuerwehrmann. Ein Held! Gut, dass die Welt nicht weiß, welchen psychischen Knacks er seit den Terroranschlägen vom 11. September 2001 hat. Er verlor damals viele Freunde und Kollegen und spricht heute mit den Toten, vor allem seinem Cousin Jimmy. Außerdem hat er nach der Trennung von seiner Frau Janet wieder mit dem Trinken begonnen.

Rescue Me ist eine harte, realistische Serie, die den Alltag der New Yorker Feuerwehr abseits regulärer Heldenverehrung zeigt und die dennoch viele komische Momente hat. Die Serie wird komplett an Originalschauplätzen in New York gedreht,

Außer Betrieb: Diese Hausfront ist nur in *Rescue Me* eine Feuerwache.

Bei der Gelegenheit

Der **Queensbridge Park** ist sicher nicht der schönste Park der Stadt, und auch der Ausblick von dort auf Manhattan samt **Queensboro Bridge,** die sicher ebenfalls nicht die schönste Brücke der Stadt ist, ist nicht unbedingt berauschend. Aber wenn Sie sowieso gerade da sind und noch etwas Zeit haben, gehen Sie einfach zurück zur 40th Avenue, dort nach rechts und die nächste Straße links, dann sehen Sie den Park auf der gegenüberliegenden Straßenseite.
Von hier könnten Sie zu Fuß in weniger als einer halben Stunde auch das Feuerwehrhaus aus *Third Watch – Einsatz am Limit* erreichen. Der Fußweg führt allerdings durch ein potthässliches Industriegebiet.

und als Feuerwehrhaus von »Ladder 62/Engine 99« dient ein Bau aus dem Jahr 1924 in der 9th Street in Long Island City in Queens. Von der Subway Station 21st St./Queensbridge gehen Sie die 21st Street einen Block nach Norden, dann nach links in die 40th Avenue und vier Straßen weiter nach rechts in die 9th Street. Die wiedererkennbaren Feuerwehrtore sind auf der rechten Seite.

Tommy: (verteilt mehrere Stapel mit Geldscheinen auf dem Tisch und ruft seine Kinder herbei.) »Daddy möchte etwas über Mamis neuen Freund erfahren.«
Tochter: »Aber Mami möchte nicht, dass wir über ihn sprechen.«
Tommy: »Ich weiß, deshalb haben wir ja das Geld.«

Schauplatz

54 **38–35 9th Street, Long Island City, Queens**
Subway: Orange Linie F bis 21 Street/ Queensbrige (Queens). Dann ca. zehn Minuten Fußweg

(Rescue Me; seit 2004) Denis Leary: Tommy Gavin · Michael Lombardi: Mike Silletti · James McCaffrey: Jimmy Keefe · Jack McGee: Chief Jerry Reilly · Steven Pasquale: Sean Garrity · Andrea Roth: Janet Gavin · John Scurti: Kenny Shea · Daniel Sunjata: Franco Rivera

Alles Betty

Ein hässliches Entlein aus Queens mischt ein Modemagazin in Manhattan auf.

Alles Betty ist die etwas humoristischere amerikanische Version der Telenovela *Verliebt in Berlin,* und beide basieren auf einem kolumbianischen Vorbild. Gemeinsam haben sie, dass endlich mal durchschnittlich aussehende Frauen abseits der gängigen Schönheitsideale im Mittelpunkt stehen, die Produzenten aber hier wie dort nicht den Mut hatten, die Rolle tatsächlich mit durchschnittlich aussehenden Frauen zu besetzen. Stattdessen griffen sie auf die üblichen Schönheiten zurück und verunstalteten sie künstlich mit Brille und Zahnspange, weil das in den Augen verblendeter Produzenten bereits Merkmale für Hässlichkeit sind.

Bei der Gelegenheit

Auf der anderen Seite des Madison Square Parks, ein paar Schritte nach Westen, steht das formschöne Flatiron Building (175 Fifth Avenue, Ecke 23rd Street und Broadway). Mehr dazu steht bei *Veronica.*

Die Serie ist nicht halb so albern wie Bettys Kostüm.

Schauplätze

55 13 Madison Avenue, Ecke 25th Street
Subway: Gelbe Linien N, R, W bis 23 St
56 Jackson Heights, Queens
Subway: Lila Linie 7 bis 82nd St/Jackson Hts.

Die Pilotfolge wurde an mehreren Originalschauplätzen in New York gedreht, u.a. in Bettys Wohngegend Jackson Heights in Queens, im Theaterdistrikt am Broadway vor der Subway Station 7th Avenue der Linien B, D, E in der 53rd Street, und immer wieder am Fuß der Madison Avenue, gegenüber vom **Madison Square Park,** Ecke 25th Street, wo das fiktive »Mode«-Magazin seinen Sitz hat.

Alle weiteren Folgen entstanden in Kalifornien, und verschiedene New Yorker Gebäude hielten nur noch als »Establishing Shot« her, als Schnittbild zum Szenenwechsel.

(Ugly Betty; seit 2006) America Ferrara: Betty Suarez · Eric Mabius: Daniel Meade · Alan Dale: Bradford Meade · Vanessa L. Williams: Wilhelmina Slater · Tony Plana: Igancio Suarez · Ana Ortiz: Hilda Suarez · Marc Indelicato: Justin Suarez

Geschniegelt und gebügelt: Das Flatiron Building.

Justin Suarez: »Ich hasse Telenovelas.«

Heroes

Gewöhnliche Menschen entwickeln Superkräfte.

Auf diese Menschen müssen wir vertrauen, wenn wir uns all die schönen Plätze in New York überhaupt noch ansehen wollen. Denn wie schon so oft in der Filmgeschichte ist New York auch in dieser Fernsehserie von der Zerstörung bedroht. Die Heroes, eine Gruppe Normalos mit Superkräften, könnten es verhindern, müssen aber erst noch herausfinden, wie.

Die Heroes leben über die gesamten USA verstreut, doch viele Szenen spielen in New York. Nathan Petrellis Wahlkampfzentrale ist dort ebenso wie das Apartment seines Bruders Peter und das des Künstlers Isaac Mendez, der im Drogenrausch die Zukunft malt. Isaacs Adresse ist 215 Reed Street in Manhattan (Apt. 7), eine Reed Street gibt es im echten New York aber nicht, und die Reade Street in Downtown, deren Namen man genauso ausspricht, hat keine Hausnummer 215. Auch die Adresse des Widersachers Sylar, 1146 Trenton Place in Queens (Apt. 1B), ist frei erfunden, einen Trenton Place gibt es nicht. Von Peter Petrelli wird keine genaue Adresse genannt, doch in der Pilotfolge beauftragt er den Taxifahrer, ihn nach Hause zu fahren und an der Straßenecke Centre Street/Canal Street abzusetzen. Diese Kreuzung gibt es tatsächlich. Als der japanische Comicfan Hiro sich allein durch seine Gedankenkraft aus einer japanischen U-Bahn nach New York teleportiert, landet er mitten auf dem *Times Square.*

Bei der Gelegenheit

Times Square. Die lauteste, ungemütlichste und untypischste Ecke New Yorks, aber merkwürdigerweise die, die für die Stadt steht wie keine zweite. Früher ein verrufener Tummelplatz für Prostituierte und Sexshops, heute ein familienfreundlicher Rummelplatz voller bunter Leuchtreklame.
Bis 1904 trug der Platz den Namen Longacre Square, dann wurde er auf Drängen von Adolph Ochs umbenannt. Ochs war der Verleger der New York Times, die vier Jahre zuvor ihren Sitz in das Gebäude verlegt hatte, das heute schlicht »One Times Square« heißt. Jedes Jahr an Silvester rutscht auf seinem Dach zum Jahresendcountdown eine kristallene Kugel an einer Stange herunter und kommt pünktlich um Mitternacht auf. Dieser für Unbefangene harmlos erscheinende Vorgang ist für Amerikaner seit 1907 ein traditionelles nationales Großereignis, dessentwegen der Times Square im Umkreis von einem Kilometer für den Autoverkehr gesperrt werden muss, weil so viele Schaulustige herumstehen.

Der Times Square mitten in New York. Nur für Heroes zu ertragen.

Schauplatz

57 Times Square, Kreuzung von 7th Avenue und Broadway, von 42nd bis 47th Street
Subway: Gelbe Linien N, Q, R, W, rote Linien 1, 2, 3, graue Linie S, lila Linie 7 bis Times Square

Hiro Nakamura: »Ein Superheld missbraucht seine Kräfte nicht zu seinem persönlichen Nutzen.«

(Heroes; seit 2006) Masi Oka: Hiro Nakamura · Milo Ventimiglia: Peter Petrelli · Adrian Pasdar: Politiker Nathan Petrelli · Hayden Panettiere: Cheerleader Claire Bennet · Greg Grunberg: Polizist Matt Parkman · Ali Larter: Stripperin Niki Sanders · Leonard Roberts: Verbrecher D.L. Hawkins · Santiago Cabrera: Isaac Mendez · Sendhil Ramamurthy: Professor Mohinder Suresh · Zachary Quinto: Sylar

Fame

Junge Künstler bereiten sich an der New Yorker »High School of Performing Arts« auf ein Leben im Showgeschäft vor.

Musical

Junge Künstler lernten an der New Yorker »High School of Performing Arts« die Grundlagen für eine Karriere im Showgeschäft – in der Serie wie im wirklichen Leben. Sänger, Instrumentalisten, Tänzer, Schauspieler, Komiker und Artisten erhielten vor allem Unterricht in ihrer jeweiligen Profession, bekamen aber auch einen gewissen Geschäftssinn anerzogen. Und wer aus der Provinz kam, lernte die Großstadt kennen.

Die in der Serie gezeigte Schule in der 46th Street zwischen 6th und 7th Avenue war die echte, und Hauptdarstellerin Erica Gimpel, die auch den Titelsong sang, studierte tatsächlich dort und machte im Jahr des Serienstarts ihren Abschluss. Das Gebäude

Bei der Gelegenheit

Eine Avenue weiter ist die Fifth Avenue, berühmt für ihre exklusiven Modegeschäfte wie Saks Fifth Avenue (611 Fifth Avenue, Ecke 49th Street). Außerdem in der Nähe: Rockefeller Center und Times Square.

Ganz normaler Berufsverkehr im famosen Manhattan.

ist an dieser Stelle noch zu sehen, die Schule selbst ist jedoch schon seit 1984 in der Nähe des Lincoln Center ansässig, jetzt unter dem Namen »LaGuardia High School of Music & Art and Performing Arts« (100 Amsterdam Avenue, zwischen 64th und 65th Street). Dieses Institut entstand aus dem Zusammenschluss zweier Schulen für darstellende Künste und benannte sich nach dem früheren New Yorker Bürgermeister Fiorello H. LaGuardia, dessen Namen auch der New Yorker LaGuardia Airport trägt. Im Serien-Gebäude ist jetzt die Jacqueline Kennedy Onassis High School for International Careers ansässig.

In der vierten Staffel der Serie, die in Deutschland nicht gezeigt wurde, spielte Janet Jackson eine der Hauptrollen und wurde wenig später zum Popstar. Eine Frau namens Madonna hatte sich ebenfalls um eine Rolle beworben, wurde aber nicht genommen.

Wer dank dieser Schule nicht reich und berühmt wurde, war wenigsten von Reichen und Berühmten umgeben.

Schauplatz

(58) 120 West 46th Street, zwischen 6th Avenue (Avenue of the Americas) und 7th Avenue
Subway: Orange Linien B, D, F, V bis 47th – 50th Sts./Rockefeller Ctr., alternativ: gelbe Linien N, Q, R, W, rote Linien 1, 2, 3, graue Linie S oder lila Linie 7 bis Times Sq. Anschließend jeweils noch ca. fünf Minuten Fußweg

Doris Schwartz: »Julie, Menschen in New York City bekommen keine Frühlingsgefühle.«
Julie Miller: »Und was bekommen sie in New York City?«
Montgomery MacNeil: »Herpes.«

(Fame; 1982–1987) Lee Curreri: Bruno Martelli · Erica Gimpel: Coco Hernandez · Carlo Imperato: Danny Amatullo · P.R. Paul: Montgomery MacNeil · Valerie Landsburg: Doris Schwartz · Gene Anthony Ray: Leroy Johnson · Lori Singer: Julie Miller

Sesamstraße

Menschen und Muppets lernen zählen und Buchstabieren.

Kinder

Der Klassiker. Die erfolgreichste Kindersendung der Welt, und die meistausgezeichnete Sendung in der Geschichte amerikanischer Preisverleihungen. Bis einschließlich 2007 gewann die »Sesame Street« 109 Emmys. Mehr Kinder lernten durch die *Sesamstraße* zählen und buchstabieren als Rentner durch *Der Preis ist heiß* lernten, was so eine neumodische Küchenmaschine kostet.

Die deutsche Version besteht aus Teilen, die der NDR in Deutschland produziert, sowie aus Übernahmen aus der amerikanischen Originalversion, die seit 1969 in den Kaufman Astoria Studios in Queens entsteht.

Schauplatz

59 Kaufman Astoria Studios in Queens (Astoria, 35th Avenue und 36th Street) Subway: Gelbe Linie R oder orange Linie V bis Steinway Street, ca. zehn Minuten Fußweg.

Ernie: »Hier habe ich eine neue Badebürste, und damit kann ich mir den Rücken schrubben.«

(Sesame Street; seit 1969) Ernie · Bert · Krümelmonster · Oscar · Bibo

Von links nach rechts: der, die, das, wer, wie, was.

Exkurs: Der New Yorker Dreh

Dauerfilmset Manhattan: Fernsehspuren an allen Ecken.

Wer bei echten Dreharbeiten zu einem Film oder einer Serie zuschauen möchte, muss in New York nicht lange suchen. Überall kann es passieren, dass man regelrecht in ein Filmset hineinstolpert, weil in den überfüllten Straßen von Manhattan eine Ansammlung von Kameraleuten, Regisseuren, Beleuchtern und Schauspielern nicht zwingend sofort auffällt. Wer darauf achtet, kann sie jedoch kaum übersehen. Im Zweifelsfall folgen Sie einfach den Hinweiszetteln, die in leuchtender Farbe an Laternenmasten kleben und den Weg zum Set weisen. Die sind zwar eigentlich für die Mitarbeiter der Produktion gedacht, aber kleben nun einmal ganz öffentlich da.

Oder Sie merken sich einen Termin vor: Wenn auf öffentlichen Straßen gedreht wird, müssen die Anwohner rechtzeitig über das dann an diesen Stellen bestehende Parkverbot informiert werden. Die Aushänge kleben meist mehrere Tage im Voraus an Pfählen, Laternen oder Bäumen, und darauf sind immer Datum und Uhrzeit der geplanten Dreharbeiten vermerkt, ebenso der Titel der Produktion.

Ebenfalls in New York

Alle hassen Chris (*Everybody hates Chris*, seit 2005). Autobiografische Comedyserie, in der Chris Rock aus dem Off auf seine Jugend im Brooklyn der frühen 80er Jahre zurückblickt, mit Tyler Williams in der Rolle des jungen Chris. Innen- und Außenszenen entstehen komplett in den Paramount-Studios in Los Angeles, wo ein kompletter nachgebauter Straßenzug als 80er-Jahre-Brooklyn herhält. Der echte Chris Rock wuchs in der Decatur Street im Viertel Bedford-Stuyvesant in Brooklyn auf.

Annie McGuire (1988). Gefloppte Sitcom mit Mary Tyler Moore und Denis Arndt als New Yorker Ehepaar.

Anthony Dellaventura, Privatdetektiv (*Dellaventura*; 1997–1998). Danny Aiello mischt sich als Privatdetektiv Dellaventura in die Fälle der Polizei ein.

Asphaltdschungel (*The Asphalt Jungle*; 1961). Kurzlebiger Krimi mit Jack Warden im Kampf gegen die New Yorker Kriminalität.

Baretta (1975–1978). Krimiserie mit Robert Blake als unkonventionellem Einzelgänger, dessen Arbeitsmethoden seinem Chef nicht gefielen.

Barfuß im Park (*Barefoot in the Park*; 1970–1971). Sitcom nach Neil Simons gleichnamigem Theaterstück über ein junges Ehepaar in Manhattan.

Blind Justice (2005). Auffallend dämlicher Krimi über einen blinden Polizisten, der eine Waffe trägt.

Bridget und Bernie (*Bridget Loves Bernie*; 1972–1973). Comedyserie über ein ungleiches Ehepaar: Er war ein jüdischer Taxifahrer, sie eine katholische Lehrerin.

Caroline in the City (1995–1999). Amüsante Sitcom mit Lea Thompson als Comiczeichnerin, die ihr New Yorker Großstadtleben in ihren Cartoons verarbeitete.

Central Park West (1995–1996). Hochglanzsoap mit Mariel Hemingway als Chefredakteurin eines New Yorker Magazins, das seinen Sitz am Central Park hatte.

Cosby (1996–2000). Sitcom mit Bill Cosby als Rentner, der trotzdem wieder einen Haufen Kinder im Haus hatte. Und dieselbe Serienfrau.

Detektiv Hanks (*The Cosby Mysteries*; 1994–1995). Zwischen dem Frauenarzt und dem nächsten Rentner spielte Bill Cosby in diesem Krimi einen Gerichtsmediziner im Ruhestand, der der New Yorker Polizei bei der Aufklärung von Verbrechen half.

Diana (1973–1974). Comedyserie mit Emma-Peel-Darstellerin Diana Rigg als Engländerin, die in New York ein neues Leben begann und in einem Kaufhaus arbeitete.

Dr. Kildare (1961–1966). Arztserie mit Richard Chamberlain als jungem Assistenzarzt im fiktiven Blair-General-Krankenhaus.
Duckman (1994–1997). Zeichentrick-Comedy über eine mürrische, kettenrauchende Ente, die in New York als Detektiv arbeitete.
E.S.U. – Notruf in New York (*True Blue*; 1989–1990). Gescheiterter Krimi über eine Notfalleinheit der New Yorker Polizei.
Einmal Liebe, kein Zurück (*Bless this House*; 1995–1996). Klassische Familiencomedy mit Vater, Mutter, Kindern, Couch.
Engel in Amerika (*Angels in America*; 2003). Packendes Gesellschaftsdrama über die Probleme Aids-Infizierter im New York der 80er-Jahre.
F/X (*FX: The Series*; 1996–1998). Actionserie, die dem Zuschauer weismachen wollte, ein Experte für Spezialeffekte aus Hollywood könne im Kampf gegen das Verbrechen in New York eine echte Hilfe sein.
Ein Fall für Professor Chase (*Manimal*; 1983). Grauenhafte Comedy über einen New Yorker Universitäts-Professor, der sich in Tiere verwandeln konnte und gegen das Böse kämpfte.
Fast wie zu Hause (*Union Square*; 1997–1998). Kurzlebige Sitcom über ein paar Freunde, die im fiktiven »Union Square Diner« rumhängen.
Felicity (1998–2002). Teenieserie mit Keri Russell als Studentin an der fiktiven »University of New York«, die in Wirklichkeit die New York University in der 8th Street war. Im Vorspann stand Felicity in diversen U-Bahnstationen rum, darunter Bleecker Street und 8th Street.
Futurama (1999–2003). Zeichentrick-Comedy vom *Simpsons*-Erfinder Matt Groening. Spielte streng genommen in *New* New York im Jahr 3000.
Ganz große Klasse (*Head of the Class*; 1986–1991). Comedyserie über einen unkonventionellen Vertretungslehrer an der fiktiven Millard Fillmore High School in Manhattan.
Gargoyles (1994–1997). Disney-Trickserie über merkwürdige Kreaturen, die die New Yorker Polizei unterstützten.
Das Geheimnis der blauen Krone (*Coronet Blue*; 1967). Ein Mann ohne Erinnerung irrte durch New York und suchte nach seiner Identität, fand sie aber nicht, weil die Serie vorher abgesetzt wurde.
Geliebter Toni (*Love, Sidney*; 1981–1983). Verklemmte Comedy mit Tony Randall als »bekennendem Junggesellen«, der sein geräumiges Apartment in Manhattan ganz platonisch mit einer jungen Mutter teilte.
Gnadenlose Stadt (*Naked City*; 1958–1963). Vor fünfzig Jahren lauerte in New York das Verbrechen überall, doch zum Glück bekämpften die Polizisten des 65. Reviers es in diesem Krimiklassiker.
Gossip Girl (seit 2007). Teenieserie über eine neureiche Clique von Partygängern in der Upper East Side, die tatsächlich in New York gedreht wird.
Hallo Holly (*What I like about You*; 2002–2006). Sitcom über zwei Schwestern,

die angeblich in der Upper West Side wohnten, gezeigt wurde aber eine Gegend südlich des Flatiron Building und konkret die Straßenecke Broome Street/Thompson Street.

Harrys wundersames Strafgericht (*Night Court*; 1984–1992). Erfolgreiche Sitcom mit Harry Anderson als Richter Harry T. Stone, der Nacht für Nacht Angeklagte verknackte. Als Gerichtsgebäude hielt wie so oft das New York County Courthouse und Supreme Court her (60 Centre Street, Kreuzung mit Pearl Street/Foley Square), und auch hier sah man im Vorspann den Blick auf die Brooklyn Bridge und Manhattan, wie man ihn vom Empire Fulton Ferry State Park aus genießen kann.

Heiße Spuren (*NYPD*; 1967–1969). Noch ein Krimi mit Jack Warden als New Yorker Polizist, diesmal vom 27. Revier, der im Fernsehen Verbrechen aufklärte, die auf tatsächlichen Fällen der New Yorker Polizei basierten. Die Serie wurde tatsächlich in New York gedreht.

How I Met Your Mother (seit 2005). Gelungene Sitcom mit Josh Radnor als Endzwanziger Ted, der Manhattan auf der Suche nach der zukünftigen Mutter seiner Kinder abgrast, aber eigentlich dauernd mit seinen Kumpels rumhängt.

Der Job (*The Job*; 2001–2002). Realistischer Krimi-Comedy-Hybrid mit Denis Leary als Polizist, für den der Job eben ein Job war, und keine Berufung. Die Serie wurde in New York gedreht.

Just Shoot Me – Redaktion durchgeknipst (*Just Shoot Me*; 1997–2003). Sitcom über den Büroalltag der durchgeknallten Mitarbeiter des fiktiven Modemagazins »Blush«. Spielte komplett ohne Außenaufnahmen in einem anonymen New Yorker Büroturm.

Kein Fall für FBI (*The Detectives Starring Robert Taylor*; 1959–1961). Krimiserie über New Yorker Polizisten, für deren Fälle das FBI nicht zuständig war und die für ihren bescheuerten deutschen Titel nichts konnte.

Keine Gnade für Dad (*Grounded for Life*; 2001–2005). Sitcom mit Donal Logue über eine undisziplinierte Familie auf Staten Island – die einzige bekannte New Yorker Serie, die jemals im Bezirk Staten Island angesiedelt war.

Klarer Fall für Claire (*Leg Work*; 1987). Actionserie über eine sexy Privatdetektivin, die sich Verfolgungsjagden mit Ganoven in den verstopften Straßen von Manhattan lieferte.

Lachen auf Rezept (*The Practice*; 1976–1977). Sitcom über zwei gegensätzliche Ärzte, die Vater und Sohn waren.

Lieber Onkel Bill (*Family Affair*; 1966–1971). Sitcom-Klassiker mit Brian Keith als reichem Junggesellen, der sein schmuckes Apartment in der 5th Avenue mit seinen verwaisten Neffen und Nichten teilen musste.

Mama Malone (1984). Koch-Comedy über eine Hausfrau aus Brooklyn mit eigener Fernsehshow.

Menschen in Manhattan (*The Best of Families*; 1977). Gesellschaftsdrama über Familien verschiedener Schichten am Ende des 19. Jahrhunderts.

Mike Andros – Reporter der Großstadt (*The Andros Targets*; 1977). Reporterserie über einen investigativen Journalisten.

Mode, Mädchen und Moneten (*Needles and Pins*; 1973). Kurzlebige Comedy über das fiktive New Yorker Modehaus »Lorelei Fashions«.

Mord ist ihr Hobby (*Murder She Wrote*; 1984–1996). Krimiklassiker mit Angela Lansbury als schnüffelnder Kriminalautorin Jessica Fletcher. Die Serie spielte eigentlich im Bundesstaat Maine, doch zwischendurch nahm Jessica einen Lehrauftrag an der Manhattan University an und wurde auch in ein paar New Yorker Kriminalfälle hineingezogen.

Nero Wolfe (1980). Krimi mit William Conrad als gemütlichem Privatdetektiv, der seine New Yorker Wohnung bloß nicht verlassen wollte.

New York Feds (*Feds*; 1997). Gefloppter Versuch, statt Polizisten ein paar Staatsanwälte in den Mittelpunkt einer Krimiserie zu stellen.

New York Life – Endlich im Leben (*Time Of Your Life*; 1999–2000). Soap mit Jennifer Love Hewitt, die nach New York zog, um ihren Vater zu suchen.

New York News – Jagd auf die Titelseite (*New York News*; 1995). Reporterserie mit Mary Tyler Moore als harter Chefin der New Yorker Boulevardzeitung »New York Reporter«.

New York Undercover (1994–1998). Zwei gegensätzliche Polizisten ermittelten verdeckt im 4th Precinct zwischen South Bronx, Harlem und Upper West Side, dabei gibt es heute gar keinen 4th Precinct mehr. Die Serie wurde aber tatsächlich in New York gedreht.

News Radio (1995–1999). Witzige Sitcom über den fiktiven New Yorker Nachrichten-Radiosender WNYX.

Nicht gleich beim ersten Mal (*Working it Out*; 1990). Romantische Sitcom mit Jane Curtin und Stephen Collins, die sich eine Weile zierten, bevor sie sich kriegten.

Nicht ohne meine Mutter (*Room for Two*; 1992–1993). Sitcom über eine Witwe aus Ohio, die in New York ein neues Leben begann.

Office Girl (*Less than Perfect*; 2002–2006). Büro-Sitcom über eine Aushilfe, die plötzlich zur Assistentin des Nachrichtenmoderators beim fiktiven Fernsehsender GBN befördert wird.

Oliver Beene (2003–2004). Comedyserie über das Leben eines Elfjährigen im Queens des Jahres 1962. Die Familie lebte im Viertel Rego Park, das auch als Schauplatz für *King of Queens* diente.

Paarweise glücklich (*Married People*; 1990–1991). Sitcom über drei Paare im gleichen Haus.

Polizeirevier 87 (*87th Precinct*; 1961–1962). Krimi, in dem ein paar gewaltbereite Polizisten des fiktiven 87. Reviers fiktive Verbrecher bekämpften.

Popi (1978). Kurzlebige Sitcom mit Hector Elizondo als puertoricanischem Einwanderer, der sich mit Teilzeitjobs durchschlug.

Prinzessinnen (*Princesses*; 1991). Eine der vielen zu Recht vergessenen

Freundinnen-Comedys mit drei Singles in einer Wohnung.

Protector – Das Recht im Visier (*Swift Justice*; 1996). Eine der vielen zu Recht vergessenen Krimiserien über einen Privatdetektiv, der sich im Kampf gegen das Verbrechen nicht um Gesetze scherte.

Public Morals – Die Rotlicht-Cops (*Public Morals*; 1996). Gefloppte Sitcom über das Sittendezernat der New Yorker Polizei.

Schauplatz New York (*Eischied*; 1979–1980). Krimi über den New Yorker Polizeichef und seine Männer. Und eine Frau.

Die Schöne und das Biest (*Beauty and the Beast*; 1987–1990). Romanze zwischen einem Löwenmenschen und einer Staatsanwältin, die halb in und halb unter New York spielte.

Der Schutzengel von New York (*The Equalizer*; 1985–1989). Krimi mit Edward Woodward als Ruheständler, der Gutes für die Welt tat. Die Serie wurde tatsächlich in New York gedreht.

Secret Agent Man (2000). Paul Guilfoyle in einer Agentenserie über eine Geheimorganisation, die so geheim war, dass den meisten Zuschauern die Existenz der Serie verborgen blieb.

Serpico (1976–1977). Krimiserie über einen Polizisten mit Idealen.

Seventh Avenue – Straße der Mode (*Seventh Avenue;* 1977). Drama über die Mafia und die New Yorker Modebranche in der Seventh Avenue, die ja auch »Fashion Avenue« genannt wird.

Ein Sheriff in New York (*McCloud*; 1970–1977). Krimi mit Dennis Weaver als Sheriff aus dem Westen, der den Umgang mit Großstadtverbrechern lernte.

Solo für O.N.C.E.L. (*The Man from U.N.C.L.E.*; 1964–1968). Agentenklassiker mit Robert Vaughn und David McCallum über eine internationale Vereinigung, die das Verbrechen bekämpfte. Ihr Hauptquartier war hinter einer Schneiderei in New York versteckt.

St. Dominic und seine Schäfchen (*Going My Way;* 1962–1963). Comedyserie mit Gene Kelly als jungem Pfarrer in der fiktiven New Yorker Kirchengemeinde St. Dominic.

Super Mario Brothers (*Super Mario Bros.*; 1989–1991). Halb Trick-, halb Realserie nach einem Computerspiel über zwei Klempner aus Brooklyn.

Süß, aber ein bisschen verrückt (*That Girl*; 1966–1971). Comedyserie über eine junge Schauspielerin mit großen Träumen, die von der Kleinstadt Brewster im Staat New York in die große Stadt New York zog und dort in der Upper West Side in der 78th Street wohnte, zwischen West End Avenue und Riverside Drive.

Die Tattingers (*Tattinger's*; 1988–1989). Familienserie mit Stephen Collins und Blythe Danner als geschiedenem Ehepaar, das noch immer das fiktive Lokal »Tattinger's« gemeinsam führte.

Teenage Mutant Hero Turtles (*Teenage Mutant Ninja Turtles*; 1987–1996). Action-Trickserie über mutierte Riesenschildkröten, die in der Kanalisation unter New York lebten und Verbrecher bekämpften.

Teufelskreis der Angst (*Ghost Story*; 1972). Gruselserie mit Geistergeschichten im real existierenden New Yorker **Essex House**, einem Luxushotel am Südende des **Central Park** (160 Central Park South, zwischen Broadway und 7th Avenue).

That's Life (2000–2002). Familienserie über eine Frau Anfang 30, die nach der Trennung von ihrem Verlobten noch mal zur Uni geht.

Throb (1986–1988). Sitcom über eine kleine Plattenfirma.

Tru Calling – Die wahre Berufung (*Tru Calling*; 2003–2005). Fantasyserie mit Eliza Dushku als Mitarbeiterin eines Leichenschauhauses, die die Zeit zurückdrehen und dann gewaltsame Tode nachträglich verhindern kann.

Unser lautes Heim (*Growing Pains*; 1985–1992). Familiensitcom mit Kirk Cameron, in der die Karriere des jungen Leonardo DiCaprio begann. Die Serie spielte auf Long Island.

413 Hope Street – Eine Chance für die Hoffnung (*413 Hope Street;* 1997–1998). Problemserie mit Richard Roundtree über ein Krisenzentrum für Jugendliche in Manhattan. Im echten Manhattan gibt es keine Hope Street, aber in Brooklyn.

Verliebt in eine Hexe (*Bewitched*; 1964–1972). Sitcom-Klassiker mit Elizabeth Montgomery als Hexe Samantha, deren normalsterblicher Mann bei einer Werbeagentur in Manhattan arbeitete.

Die Waffen der Frauen (*Working Girl*; 1990). Sitcom mit Sandra Bullock, die eben noch Sekretärin war und plötzlich Juniorpartnerin in der gleichen Firma wurde.

Wagen 54 bitte melden (*Car 54, Where Are You?*; 1961–1963). Comedyserie mit Joe E. Ross und Fred Gwynne als zwei trübe Tassen im Polizeidienst des 53. Reviers in der Bronx, die tatsächlich in der Bronx gedreht wurde.

Wir vom 12. Revier (*Barney Miller*; 1975–1982). Erfolgreiche Sitcom mit Hal Linden über das 12. Polizeirevier in New York, in der die Polizisten so gut dargestellt wurden, dass das komplette Schauspieler-Ensemble zu Ehrenmitgliedern der New Yorker Polizei ernannt wurde.

Witchblade (2001–2002). Fantasyserie über eine New Yorker Polizistin, die auswerwählt war, die Menschheit mit ihren Superkräften zu retten.

Whoopi (2003–2004). Sitcom mit Whoopi Goldberg als vorlauter Hotelmanagerin.

Das zehnte Königreich (*The 10th Kingdom*; 1999). Fantasyserie, in der skurrile Märchenfiguren durch einen Zauberspiegel ins neuzeitliche New York gelangten.

Zwei in der Tinte (*Ink*; 1996). Sitcom mit Ted Danson als Starkolumnist der fiktiven Tageszeitung »New York Sun«.

Dr. House

Ein sarkastischer Misanthrop jagt böse Krankheitserreger.

Schauplatz

Princeton University, Princeton, New Jersey.

Ärzte

Gelegentlich wird bei *Dr. House* die Nähe zu New York thematisiert. Natürlich nicht ganz so oft wie Lupus als mögliches Krankheitsbild oder der Hintern von Dr. Cuddy. Die erfolgreiche Serie spielt in der Universitätsstadt Princeton, 90 Kilometer von New York entfernt, weil Princeton die Heimatstadt des Regisseurs Bryan Singer ist und er die Serie gern dort ansiedeln wollte.

Die Stadt selbst ist vergleichsweise klein, hat nur 14 000 Einwohner und außer der berühmten Uni, einem Haufen weiterer Forschungsinstitute und einem schönen Herbst nicht viel Berühmtes zu bieten. Kurz nach der Unabhängigkeitserklärung war sie allerdings mal für ein halbes Jahr Hauptstadt der Vereinigten Staaten. Und hübsch ist sie außerdem.

Die Princeton University dagegen ist eine der berühmtesten und ältesten Universitäten der USA und gilt als Elite-Uni. Das älteste Gebäude auf dem Gelände wurde 1756 erbaut, also zwanzig Jahre *vor* der Unabhängigkeitserklärung.

Das Princeton-Plainsboro-Lehrhospital gibt es in Wirklichkeit nicht, doch das markante Gebäude, das so oft aus der Luft zwischen zwei Szenen gezeigt wird, steht tatsächlich auf dem Universitätsgelände in Princeton. Es ist das Frist Campus Center, ein Gemeinschafts- und Veranstaltungszentrum für die Studenten der Princeton University, das erst im Jahr 2000 fertiggestellt wurde. In das Gebäude wurden aber Teile eines bereits bestehenden, knapp 100 Jahre älteren Bauwerks integriert.

Die Namen der einzelnen Krankenhausflügel in *Dr. House*, die immer wieder über den Türen zu lesen sind, während House und Gang wild diskutierend durch die Gänge hetzen, sind Verneigungen vor der Princeton University – oder einfach dreist von ihr geklaut. Der »Witherspoon Wing« heißt, wie das älteste Studentenwohnheim auf dem Campus, »Witherspoon Hall«, benannt nach John Witherspoon, dem sechsten Präsidenten der Universität. 253 Witherspoon Street ist außerdem die Adresse des echten Princeton Medical Center. Auch der »Cuyler Wing« heißt nach einem Studentenwohnheim (»Cuyler Hall«), andere Flügel heißen wie ein College (»Mathey«), wie die Archäologische Fakultät (»McCormick«) oder wie ein See (»Carnegie«, nach seinem

Der Housemeister und seine Gang: Hier liegen Sie richtig.

Stifter Andrew Carnegie, dessen Namen auch ein bekannter Konzertsaal in New York trägt).

(House; seit 2004) Hugh Laurie: Dr. Gregory House · Lisa Edelstein: Dr. Lisa Cuddy · Omar Epps: Dr. Eric Foreman · Robert Sean Leonard: Dr. James Wilson · Jennifer Morrison: Dr. Allison Cameron · Jesse Spencer: Dr. Robert Chase

Gilmore Girls

Kleinstadtidylle: Mutter und Tochter genießen gemeinsam ihr noch junges Leben.

Comedy

In dieser romantischen Serie über eine Mutter Mitte 30 und ihre nur 16 Jahre jüngere Tochter, die beste Freundinnen sind, war so ziemlich alles fiktiv: Die Kleinstadt *Stars Hollow* im Bundesstaat Connecticut, nördlich von New York City, gab es nur in der Fantasie der Autorin, und alle Außenaufnahmen entstanden zwischen Kunstbauten auf dem Warner-Brothers-Studiogelände in Los Angeles. Dort war das gesamte Dorf aufgebaut: Lukes Diner, Miss Pattys Tanzschule, Dooses Market, das kleine Hotel Dragonfly Inn, das Lorelei mit ihrer besten Freundin Sookie betrieb, und natürlich das Wohnhaus von Lorelai und ihrer Tochter Rory. Ein paar umliegende größere Städte waren real: In Connecticuts Hauptstadt Hartford residierten Lorelais reiche Eltern Emily und Richard, doch die Chilton-Privatschule, die Rory in den ersten Jahren besuchte, ebenfalls in Hartford, war schon wieder erfunden.

Nach ihrer Chilton-Zeit wechselte Rory zur Elite-Uni Yale in New Haven. Zwar wurden diese Szenen nicht dort gedreht, doch immerhin

Gilmore Girls Lorelai und Rory.

gibt es die Yale University tatsächlich. Sie gehört mit Harvard und Princeton zu den ältesten und berühmtesten Unis des Landes, und viele spätere Berühmtheiten studierten dort, darunter der deutsche Bundespräsident Karl Carstens und die US-Präsidenten Gerald Ford, George Bush, Bill Clinton und George W. Bush. Ja, er hat tatsächlich studiert.

Yale wurde 1701 gegründet und zog 15 Jahre später nach New Haven um, eine 124 000 Einwohner große Küstenstadt 130 Kilometer nordöstlich von New York und 65 Kilometer südlich von Hartford, das im Landesinneren liegt. Der Komiker Lewis Black schreibt in seinem Buch »Nothing's Sacred«: »Wenn Sie freie Zeit haben, ist New Haven der letzte Platz, den Sie besuchen sollten. Neben der Tatsache, dass es die Heimat der Yale University ist, ist es wahrhaftig einer der hässlicheren Orte auf der Erdoberfläche. Es muss sehr, sehr sonnig sein, damit es nicht grau aussieht.« Lewis Black ist allerdings dafür bekannt, *alles* entsetzlich zu finden. New Haven ist sicher nicht spektakulär, aber macht auch nicht so depressiv, wie Black es im weiteren Verlauf schildert. Ich gebe allerdings zu, bisher nur an sehr, sehr sonnigen Tagen in New Haven gewesen zu sein.

Eine Serie mit ähnlichem Humor, Kleinstadtflair und skurrilen Charakteren wie *Gilmore Girls* war die in Deutschland leider weitgehend unbekannte Serie *Ed*.

Schauplatz

Yale University, New Haven, Connecticut

(Gilmore Girls; 2000–2007) Lauren Graham: Lorelai Gilmore · Alexis Bledel: Rory Gilmore · Scott Patterson: Luke Danes · Kelly Bishop: Emily Gilmore · Edward Herrmann: Richard Gilmore · Melissa McCarthy: Sookie St. James

Ed

Noch mehr Kleinstadtidylle: Anwalt kauft sich eine Bowlinghalle und will nachträglich seine High-School-Liebe erobern.

Comedy

Genau drei Tage nach den *Gilmore Girls* startete in den USA diese großartige Comedy-Drama-Serie, die den Mädels aus *Stars Hollow* in nichts nachstand. Der gleiche Humor, die gleiche Kleinstadtidylle und ebenso skurrile und liebenswerte Charaktere. Vier Jahre lang verfolgte der Anwalt Ed sein großes Ziel, seinen früheren High-School-Schwarm Carol zu heiraten, die ihn zu Schulzeiten keines Blickes gewürdigt hatte. Lange Zeit war Ed in einer großen Kanzlei in New York beschäftigt, bevor er zurück in sein Heimatkaff Stuckeyville kam, wo er vom Fleck weg die Bowlinghalle kaufte, um einen Grund zu haben, dazubleiben.

Die fiktive Kleinstadt Stuckeyville sollte zwar im Bundestaat Ohio liegen, gedreht wurde die Serie aber komplett in verschiedenen Orten New Jerseys. Die als »Stuckeybowl« gezeigte Bowlinghalle in Northvale war tatsächlich mal eine Bowlinghalle, war aber zu Zeiten der Dreharbeiten schon längst nicht mehr in Betrieb. Als klar war, dass die Serie ein erfolgreich genug war, um fortgesetzt zu werden, ließen die Produzenten mehrere Bahnen aus der Halle herausreißen und Kulissen für weitere Innenaufnahmen errichten. 2006, zwei Jahre nach Einstellung der Serie, wurde die echte Halle in der Paris Avenue in Northvale abgerissen. Zu sehen sind noch das Gerichtsgebäude in Nutley, die Schule in Montclair und der Park in Westfield, und alle diese Städte verströmen das idyllische Flair, das die Serie prägte.

(Ed; 2000–2004) Tom Cavanagh: Ed Stevens · Julie Bowen : Carol Vessey · Josh Randall: Dr. Mike Burton · Jana Marie Hupp: Nancy Burton · Lesley Boone: Molly Hudson · Michael Ian Black: Phil Stubbs · Rachel Cronin: Shirley Pifko

Schauplätze

Gerichtsgebäude: 228 Chestnut St, Nutley, New Jersey
»Stuckeyville High School«: 100 Chestnut Street, Montclair, New Jersey
Mindowaskin Park, East Broad Street, Westfield, New Jersey
»Stuckeybowl« (abgerissen): 199 Paris Avenue, Northvale, New Jersey

Wer ist hier der Boss?

Ex-Profisportler wird Haushälter bei erfolgreicher Geschäftsfrau und verliebt sich in sie.

Comedy

Nachdem Tony Danza Boxer (im wirklichen Leben) und Taxifahrer war (in der Serie *Taxi*) und bevor Alyssa Milano eine Hexe wurde (in *Charmed–Zauberhafte Hexen*), spielten sie hier Vater Tony und Tochter Samantha, die bei Mutter Angela und Sohn Jonathan einzogen, wo Tony Angelas sorgfältiger Haushälter wurde und seine Liebe für sie jahrelang für sich behielt.

Die Adresse der Familie lautete in der Serie 3344 Oak Hills Drive in einem nicht näher genannten Ort in Connecticut. Das gezeigte Haus steht in Wirklichkeit in der Onondaga Street in Rye im Staat New York, knapp 50 Kilometer nordöstlich von Manhattan. In der Serie hatte Hausherrin Angela außerdem eine eigene Werbeagentur mit der Anschrift 323 East 57 Street in Manhattan. Die Adresse gibt es in Wirklichkeit nicht, an ihrer Stelle ist die Auffahrt zur Queensboro Bridge.

Schauplatz

13 Onondaga Street, Rye, New York

(Who's the Boss?; 1984–1992) Tony Danza: Tony Micelli · Judith Light: Angela Bower · Alyssa Milano: Samantha Micelli · Danny Pintauro: Jonathan Bower · Katherine Helmond: Mona Robinson

Samanthas beleidigter Blick lässt vermuten, dass Tony der Boss ist.

SHOWS & MUSEEN

David Letterman 108
Conan O'Brien 113
Jon Stewart 115
The Colbert Report 118
The Today Show 120
Saturday Night Live 122
Regis and Kelly 124
Showtime at the Apollo 126
The View 128
Martha 130
Maury 132

American Museum of the Moving Image 140
NBC Studio Tour 141
The Paley Center for Media 142
Tour New York TV and Movie Sites 144

MTV TRL 134
Rachael Ray 136
The People's Court 137
Montel 138
Who Wants to Be a Millionaire? 139

ANHANG

Kartenatlas 146
Personenregister 152
Register Schauplätze 155
Danksagung 158
Impressum 159

Live-Shows

Generelle Hinweise: Der Eintritt zu allen TV-Shows in New York ist frei.

Gleichzeitig ist der Besitz eines regulären Tickets offiziell keine Garantie für den Einlass. Jede Show gibt normalerweise mehr Tickets aus, als Plätze im Studio zur Verfügung stehen und versichert sich auf diese Weise gegen leere Sitzplätze im Publikum, falls jemand es sich anders überlegt.

Zusätzlich gibt es **Standby-Tickets**. Diese werden kurzfristiger ausgegeben, dafür kann man dann unter Umständen vergebens gewartet haben. Diese Karten kommen nur zur Geltung, falls so viele Inhaber regulärer Eintrittskarten nicht erschienen sind, dass Plätze frei werden. Das ist zwar fast immer der Fall, die Größenordnung lässt sich jedoch kaum vorhersehen. Wer nicht schon Monate im Voraus Tickets reservieren kann, dem bleibt meist nur die Standby-Variante. Frühzeitiges Erscheinen und Geduld führen aber oft zum Erfolg.

Geduld ist ohnehin eine unverzichtbare Tugend. Zwischen dem spätestmöglichen Zeitpunkt des Eintreffens und dem Beginn der Aufzeichnung liegen nie weniger als 90 Minuten, manchmal bis zu drei Stunden, die mit Durchzählen, Sicherheitskontrollen, Platzzuweisungen, Warm-Up und dazwischen viel, viel Wartezeit gefüllt werden. Das nervt zunächst, doch letztlich lohnt es sich in den meisten Fällen.

Solche ungewöhnlichen Perspektiven bekommen Sie nur direkt im Studio.

Grundsätzlich gilt: Der Sommer ist eine schlechte Zeit. Die Hauptfernsehsaison dauert in den USA von September bis Mai. Viele werktägliche Sendungen produzieren zwar auch im Sommer neue Ausgaben, aber nicht durchgehend. Während vieler Wochen werden im Fernsehen Wiederholungen gezeigt und entsprechend keine neuen Shows produziert. Es passiert allerdings auch während der Saison, dass Shows einwöchige Auszeiten nehmen. Auf den Internetseiten der Shows ist meist vermerkt, ob es sich bei den bevorstehenden Sendungen um neue oder um Shows aus der Konserve handelt – natürlich nicht ganz so sehr mit dem Holzhammer. Doch in den Informationen über die *Late Show with David Letterman* ist z. B. ggf. ein »Original air date«, ein Erstausstrahlungsdatum vermerkt. Andere Shows, z. B. die *Daily Show with Jon Stewart*, zeigen bereits online konkret an, für welche Termine noch Tickets zu bekommen sind.

Die größten Chancen haben Sie in den Monaten November, Februar und Mai. Aufgrund der Einschaltquoten in diesen Monaten werden in den USA die Werbepreise festgelegt, weshalb dann fast ausschließlich neue Shows produziert und keine Wiederholungen ausgestrahlt werden. Und die größten Chancen, tatsächlich Tickets zu bekommen, haben Sie an Thanksgiving. Der Feiertag fällt meistens in den Quotenbemessungszeitraum im November, weshalb auch dann ganz reguläres Programm produziert wird. Da Amerikaner ihn aber aus unerfindlichen Gründen eher mit ihren Familien als im Fernsehstudio verbringen, sind die Produzenten an diesem Tag für Publikum besonders dankbar.

Zusätzlicher Hinweis: Alle angegebenen Uhrzeiten, Termine, Adressen und Ticketreservierungsmöglichkeiten waren bei Redaktionsschluss im November 2007 aktuell. Da sich solche Dinge gelegentlich ändern können, sind im Zweifelsfall die auf der Internetseite der jeweiligen Show angegeben Daten korrekt bzw. die Angaben im Bestätigungsschreiben nach einer Ticketbestellung.

Late Show with David Letterman

Die erfolgreichste New Yorker Late-Night-Show. Vergleichbar mit der *Harald Schmidt Show.*

Seit 1982 moderiert David Letterman seine tägliche Show aus New York und ist längst eine Legende des amerikanischen Fernsehens. Moderatoren in aller Welt adaptierten nicht nur sein grobes Format aus Eingangsmonolog, Comedy am Schreibtisch, Talk mit Prominenten und Studioband, sondern kupferten ungeniert auch Details ab. Die *RTL Nachtshow mit Thomas Koschwitz* übernahm die berühmten Top-10-Listen, und Harald Schmidts Bühnenbild erinnerte auffallend an das Lettermans in den frühen 90er Jahren. (Der Late-Night-Talker Conan O'Brien war einmal bei Harald Schmidt zu Gast und erzählte, zurück in New York, seinen eigenen Zuschauern ironisch: »Vielleicht war es die exakte Kopie der Letterman-Deko, durch die ich mich so zuhause fühlte«.)

Letterman, heute mit einem Jahreseinkommen von geschätzten 31 Millionen Dollar einer der bestbezahlten Fernsehstars der Welt, revolutionierte die klassische Late-Night-Show, indem er anstelle altmodischer Sketche absurde Aktionen zeigte: Er lässt Kürbisse und Fernseher von Gebäuden werfen, nur um in Zeitlupe den Aufprall zeigen zu können, schnallt Affen eine Kamera auf den Kopf, die ausschließlich verwackelte Bilder produziert, zerrt sein komplettes Team vor die Kamera, das eigentlich dahinter wirkt, und bezieht es mit ein und spielt einmal pro Woche »Will It Float?«, ein völlig sinnloses Spiel, bei dem es allein darum geht, dass er mit seinem Bandleader berät, ob ein ins Wasser zu werfender Gegenstand wohl schwimmt oder nicht.

Bandleader ist Paul Shaffer, der mit dem »CBS Orchestra« eine der besten und spontansten Fernsehbands auf die Beine gestellt hat, die annähernd jeden Song aus dem Stand spielen kann. Shaffer selbst hatte als Komponist zwar nur einen einzigen Hit (»It's Raining Men«), zählt aber zu den angesehensten Musikern der USA. Er ist seit 1986 der musikalische Direktor der »Rock and Roll Hall of Fame« bei der jährlichen Zeremonie zur Aufnahme weiterer Künstler und war ebenfalls musikalischer Direktor bei der Abschlussfeier der Olympischen Spiele in Atlanta.

Die Sendung wird »live on tape« aufgezeichnet, d.h. die Aufzeichnung der einstündigen Sendung dauert auch genau eine Stunde. Dabei werden alle Werbepausen in Echtzeit berücksichtigt, glücklicherweise die Werbung aber nicht gezeigt. Währenddessen spielen Paul Shaffer und die Band für das Publikum im Saal, wovon die Fernsehzuschauer später kaum etwas mitbekommen.

Die Gäste sind Prominente, die neue Filme, Serien, CDs oder Bücher vorstellen. Viele »Freunde der Show« sind Stammgäste und schauen alle paar Monate vorbei, darunter Weltstars wie Steve Martin, Robin Williams und Bruce Willis, aber auch der Fernsehmoderator Regis Philbin aus *Live with Regis & Kelly*, der ehemalige Zoodirektor Jack Hanna, der immer exotische Tiere mitbringt, oder die tätowierte Motorradschrauber-Familie Teutul, Protagonisten ihrer eigenen Reality-Show, *American Chopper* (in Deutschland bei RTL2), die immer neue Maschinen mitbringt.

Die Tickets für die Show sind sehr begehrt, die Wartezeiten lang und die Wahrscheinlichkeit, reguläre Tickets zu bekommen, aufgrund der großen Nachfrage nicht sehr groß. Nur wer als potentieller Zuschauer ausgelost wird, erhält eine Antwort, nachdem

Bei der Gelegenheit

Gegenüber, auf der anderen Broadway-Seite, haben die Firma **Bad Boy Entertainment** und ihr Chef Sean Combs ihren Sitz, der früher als Puff Daddy und heute als Diddy bekannt ist.
Außerdem befinden Sie sich mitten im **Theaterdistrikt.** In der Nähe, etwas südlich von hier, werden die bekannten Broadway-Musicals gespielt.
Wer Hunger hat, kann im **»Hello Deli«** noch einen Happen essen. Dort gibt es durchschnittliche Sandwiches von denen viele die Namen von Mitarbeitern der *Late Show* tragen.

»From New York, the greatest city in the world: It's the Late Show with David Letterman…«

er das Online-Formular ausgefüllt hat, und nur wer dann eine Quizfrage zur Show beantworten kann, darf tatsächlich kommen. Derjenige sollte sich warm anziehen, denn nirgendwo ist es bei einer TV-Aufzeichnung so kalt wie bei der Late Show. Letterman besteht auf etwa 15 Grad.

Es kann jedoch auch sehr kurzfristig klappen. Werktags von 9.30 Uhr bis 12.30 Uhr und an den Wochenenden von 10.00 Uhr bis 18.00 Uhr nehmen Mitarbeiter der Show im Foyer des Theaters am Broadway zwischen 53rd und 54th Street persönlich Ticketanfragen für die nächsten Tage entgegen. Unter allen Anfragen werden Tickets verlost, weshalb Sie zur Benachrichtigung eine amerikanische Rückruftelefonnummer angeben müssen, z. B. die Ihres Hotels oder eines Handys.

Der kleine Sandwichladen gleich um Lettermans Ecke.

Standby: An allen Aufzeichnungstagen ist zudem ab 11.00 Uhr eine telefonische Hotline geschaltet, unter der Standby-Tickets für den gleichen Abend reserviert werden können: (001) 212-247-6497. Meistens ist zwar besetzt, und nach spätestens einer Stunde hat es auch keinen Zweck mehr, es noch weiter zu versuchen, doch vielleicht klappt es ja mit der nötigen Hartnäckigkeit.

David Letterman: »Hugo Chavez hat George W. Bush ›den Teufel‹ genannt. Es ist unklar, wen von beiden er beleidigen wollte.«

Wer es endlich geschafft hat, hat in vielfacher Hinsicht Glück. Man sieht nicht nur eine der unterhaltsamsten und beliebtesten Fernsehshows mit einem der berühmtesten Moderatoren der Welt sowie dessen Gäste; das Theater ist außerdem eine, obgleich renovierte, historische Stätte. Von 1948 bis 1971 wurde von hier die legendäre *Ed Sullivan Show* gesendet, die Showtalente förderte und Trends setzte. Am 9. Februar 1964 hatten die Beatles in dieser Show ihren umjubelten ersten US-Auftritt, in dessen Folge sie zu Weltstars wurden.

Diesem Moderator sollte man schlagfertig gegenübertreten.

Wer es nicht ins Theater schafft, hat vielleicht die Chance, zumindest Zeuge einer Außenaktion zu werden. Oft, aber unregelmäßig, wird die 53rd Street zwischen Broadway und 8th Avenue für den Verkehr gesperrt und dort Stunts oder Kunststückchen vorgeführt. Und manchmal werden auch einfach nur Gegenstände vom Haus geworfen. Letterman selbst bleibt jedoch meistens im Theater. Etwa einmal pro Woche müssen außerdem der kleine Sandwichladen »Hello Deli«, ebenfalls auf diesem Abschnitt der 53rd Street, und dessen Inhaber Rupert Gee für ein absurdes Quizspielchen herhalten, für das sich Rupert Gee einen Kandidaten von der Straße holt. Das war zuletzt in der Regel dienstags kurz nach Beginn der Aufzeichnung der Fall, also gegen 17.40 Uhr, weshalb sich dort zu dieser Zeit verlässlich ein Pulk von Menschen bildete.

Adresse: 60 Ed Sullivan Theater, 1697 Broadway (zwischen 53rd Street und 54th Street)
Subway: Rote Linie 1 bis 50th St. oder orange Linien B, D, E bis 7th Ave. Dann jeweils noch ca. fünf Minuten Fußweg
Showtime: Montag bis Mittwoch 17.30 Uhr, Donnerstag 16.30 Uhr und 19.00 Uhr (Aufzeichnung)
Ausstrahlung: Montag bis Freitag, 23.35 Uhr, CBS (Kanal 2)
Tickets: www.cbs.com/latenight/lateshow/show_info/tickets/
Mindestalter: 18
www.cbs.com/lateshow

Late Night with Conan O'Brien

Der Moderator ist der bestbezahlte aller Zeiten unter denen, deren Show erst nach Mitternacht beginnt. Vergleichbar mit: *Harald Schmidt Show* oder *TV Total.*

Das klassische Format: Begrüßungsmonolog mit Witzen zum Tagesgeschehen, Schreibtisch, prominente Gäste und Studioband.

Die Gags an sich sind zwar nicht lustiger als bei David Letterman, aber teilweise noch absurder, alberner und gewagter – der Sendezeit weit nach Mitternacht angemessen. So gehört zu den wiederkehrenden Charakteren ein masturbierender Bär. Das ist alles, was er tut. Conan unternimmt mit seinem Schreibtisch Reisen durch New York (in Wirklichkeit bleibt der Schreibtisch am Platz, und als Hintergrund wird die vorbeiziehende Stadt eingeblendet; eine Idee, die Harald Schmidt übernahm), spricht mit Prominenten, die auf einer Leinwand »zugeschaltet« werden (in Wirklichkeit ist dort ein Standbild zu sehen, in das die sich bewegenden Lippen eines Parodisten hineinprojiziert werden) oder sagt die Zukunft voraus in einer Rubrik, die in den 90er-Jahren »In The Year 2000« hieß – und diesen Namen der Einfachheit halber bis heute behalten hat.

Und dann kommen natürlich echte Prominente, um Anekdoten zu erzählen, über ihre neuen Filme und Serien zu sprechen oder neue Bücher und CDs vorzustellen. Am Ende tritt meistens eine Rockband auf.

Kopf der Studioband »The Max Weinberg 7« ist der Schlagzeuger Max Weinberg, der nur dann abwesend ist, wenn er gerade mit Bruce Springsteen auf Tournee ist. Weinberg ist der Drummer von Springsteens E-Street-Band.

Bevor der ehemalige *Simpsons*-Autor Conan O'Brien 1993 mit dieser Show begann, wies er auf einer Pressekonferenz einen Reporter zurecht, der ihm vorwarf, »relativ unbekannt« zu sein. O'Brien erklärte ihm, das sei nicht wahr. Vielmehr sei er »*völlig* unbekannt«. In der Tat hatten die Mitarbeiter des Senders NBC in den ersten beiden Jahren Probleme, überhaupt genug Publikum für *Late Night with Conan O'Brien* zu finden; viele Eintrittskarten wurden Teilnehmern der NBC Studio Tour (siehe dort) förmlich aufgedrängt. Heute gehört Conan

Bei der Gelegenheit

Auf dem Dach desselben Gebäudes, allerdings durch einen anderen Eingang erreichbar (50th Street), bietet die Aussichtsterrasse Top of the Rock aus rund 300 Metern Höhe einen atemberaubenden Blick auf Manhattan.
Kartenreservierung telefonisch unter (001) 212-698-2000 oder online *www.topoftherocknyc.com.* Kosten: 17,50 Dollar.

O'Briens Show zu den beliebtesten, nicht nur in New York, sondern im gesamten amerikanischen Fernsehen. 2009 wird O'Brien die legendäre *Tonight Show* von Jay Leno übernehmen und zu diesem Zweck voraussichtlich nach Los Angeles umziehen. In der verbleibenden Zeit wird es also allenfalls noch schwieriger werden, an Tickets heranzukommen. Um endlose, aberwitzige Wartezeiten zu vermeiden, wurden Tickets zuletzt erst etwa sechs Wochen vor dem gewünschten Datum unter der Telefonnummer (001) 212-664-3056 ausgegeben. Es auf gut Glück auch schon früher zu versuchen, kann aber nicht schaden, falls der Vorlauf mal wieder verlängert wird. Bis zu vier Tickets können Sie bestellen.

Standby: Eine kurzfristigere, aber unsicherere Möglichkeit, sind Standby-Tickets. Diese kommen nur dann zur Geltung, wenn Inhaber regulärer Tickets nicht zur Show erscheinen. Das ist zwar meistens der Fall, aber in unterschiedlicher Zahl. Nummerierte Standby-Tickets werden an den Aufzeichnungstagen um 9.00 Uhr vormittags für den gleichen Nachmittag in der 49th Street am Seiteneingang der NBC Studios (30 Rockefeller Plaza) ausgegeben, und zwar außen auf dem Bürgersteig, und kommen später in der entsprechenden Reihenfolge zur Geltung. Wer tatsächlich erst um 9.00 Uhr kommt, hat kaum noch eine Chance. In der Regel bildet sich bereits zwei Stunden vorher eine Schlange. Jeder, der ein Standby-Ticket bekommen will, muss persönlich anwesend sein, es wird nur ein Ticket pro Person ausgegeben.

Conan O'Brien: »Die populärste Maske zu Halloween ist dieses Jahr die Arnold-Schwarzenegger-Maske. Und das Beste: Mit dem Mund voller Süßigkeiten hört man sich auch an wie er!«

Adresse: 30 30 Rockefeller Plaza (49th Street zwischen 5th Avenue und Avenue of the Americas/6th Avenue)
Subway: Orange Linien B, D, F, V bis 47th–50th Streets/Rockefeller Center
Showtime: Montag bis Freitag, 17.30 Uhr.
Ausstrahlung: Montag bis Freitag, 0.35 Uhr, NBC (Kanal 4)
Tickets: (001) 212-664-3056
Mindestalter: 16
www.nbc.com/conan

The Daily Show with Jon Stewart

Aus dieser Sendung beziehen mehr Menschen ihre Nachrichten, als es nach Meinung der Macher der Fall sein sollte. (Diese Behauptung war für einige Zeit der Slogan der Sendung: »The place where more Americans get their news than probably should«.)

Politsatire

Nur für Fans. Eine der intelligentesten, witzigsten und informativsten Shows im amerikanischen Fernsehen. Die *Daily Show with Jon Stewart* ist eine halbstündige Late-Night-Show im lockeren Korsett einer Nachrichtenparodie, deren Themen sich in den zwölf Jahren ihres Bestehens von Showbusiness, Sport und Klamauk zu Politik und Medienkritik weiterentwickelten und die heute als eine der politisch relevantesten Sendungen des Landes gilt. Wohlgemerkt, eine Comedyshow! Denn Jon Stewart sagt oft in klareren Worten als die Nachrichten, was Sache ist. Er sitzt am Schreibtisch und kommentiert das Tagesgeschehen, zeigt dazu Ausschnitte aus Nachrichtensendungen und zerpflückt sie, falls sie sich nicht schon selbst entlarven. »Korrespondenten« berichten in Reportageparodien.

Viele von Stewarts Gags begreift man nur, wenn man nicht nur weiß, wer George W. Bush ist, sondern auch z. B. Nancy Pelosi, John McCain, Dennis Hastert, Tony Snow oder die Agenda des Fox News Channels, eines seiner Lieblingsopfer, einordnen kann.

Dann kommt ein Talkgast zum fünfminütigen Plausch. Wo anfangs noch wie in jeder anderen Late-Night-Show vor allem Schauspieler ihre neuen Filme oder Serien vorstellten, sitzen auf dem Gästestuhl heute überwiegend Politiker, politische Journalisten oder Autoren, die Bücher über die Regierung oder den Irak geschrieben haben. Zu Stewarts Gästen in der Vergangenheit gehörten beispielsweise der Psycho-

»From Comedy Central's World News Headquarters in New York…«

»...this is The Daily Show with Jon Stewart!«

logieprofessor Harry Frankfurt, der frühere Gouverneur von Arkansas, Mike Huckabee, der Parteivorsitzende der amerikanischen Demokraten, Terry McAuliffe, und der stellvertretende Chefredakteur der »Washington Post«, Rajiv Chandraeskaran. Es kommen allerdings auch prominentere Gäste, die man sonst so gut wie nie im Fernsehen und schon gar nicht in Unterhaltungsshows sieht, zum Beispiel Bill Clinton, Jimmy Carter, Stephen King, Erzbischof Desmond Tutu und der pakistanische Präsident Pervez Musharraf. Weltstars wie Robin Williams, George Clooney, Pierce Brosnan, Anthony Hopkins, Tom Selleck und Dustin Hoffmann sitzen auch manchmal auf dem Gästestuhl. Notfalls kommt auch mal Borat.

Wer wirklich gut Englisch versteht und sich mit amerikanischer Politik und dem Tagesgeschehen auskennt, wird diese Show lieben und kann daraus viel lernen. Moderatoren »echter« Nachrichtensendungen beklagen, dass viele junge Zuschauer ihre Informationen mittlerweile aus der *Daily Show* beziehen. Untersuchungen zeigen zugleich, dass die Zuschauer der *Daily Show* überdurchschnittlich gebildet sind – vermutlich allerdings auch schon vorher. Neben etlichen Emmys, Peabodys und anderen Auszeichnungen gewann die *Daily Show* den Preis der amerikanischen Fernsehkritiker

Jon Stewart: »Spaniens neuer Premierminister José Luis Rodriguez Zapatero hat angekündigt, sobald wie möglich seine Soldaten aus dem Irak abzuziehen. Das bedeutet, die Koalition der Willigen wird allmählich zu einem Duett der Sturen.«

Bei der Gelegenheit

Das feine, alteingesessene Lokal »**Landmark Tavern**« ist keine zehn Fußminuten nach Süden entfernt (626 Eleventh Avenue, Ecke 46th Street), bekannt aus *Chaos City* (siehe dort). Stephen Colbert produziert *The Colbert Report* fünf Gehminuten von hier in nördlicher Richtung (siehe dort).
Sonst gibt's nicht viel in dieser Gegend namens **Hell's Kitchen**, aus der einige der berühmten Gangster der New Yorker Geschichte stammen. Dem Geruch nach muss irgendwo ein Pferdestall sein.

in zwei bisher gegensätzlichen Kategorien: als beste Comedysendung *und* als beste Informationssendung.

Als Moderator der Oscar-Verleihungen 2006 und 2008 erlangte Jon Stewart auch außerhalb der USA eine gewisse Prominenz.

Das System der Ticketbestellung wechselt gelegentlich. Anrufe und E-Mails wurden zeitweise angenommen, zuletzt war eine Reservierung nur noch über ein Formular auf der Internetseite möglich. Der jeweils aktuelle Weg, an Tickets zu kommen, ist im Zweifelsfall unter *www.thedailyshow.com* nachzulesen.

Aufzeichnungen finden montags bis donnerstags um 18.30 Uhr statt, Einlass ist immer ab 17.00 Uhr. Da auch hier mehr Tickets ausgegeben werden, als das Studio Plätze hat, ist es sinnvoll, noch etwas früher da zu sein. Eine Schlange bildet sich erfahrungsgemäß schon ab ca. 16.00 Uhr. Wer allerdings ein reguläres Ticket hat und trotzdem nicht mehr reinkommt, erhält ein VIP-Ticket für den nächsten Tag und hat dann Vorrang.

Standby: Sollten nach Einlass aller Ticketinhaber kurz nach 18.00 Uhr noch Plätze frei sein, werden spontan Standby-Tickets vergeben. Die Wahrscheinlichkeit, ein solches zu bekommen, ist nicht sehr groß, aber wer es versucht, hat zumindest nicht lange gewartet.

Adresse: 61 733 Eleventh Avenue (Ecke 52nd Street)
Subway: Blaue Linien C, E bis 50th Street, Viertelstunde Fußweg
Showtime: Montag bis Donnerstag, 18.30 Uhr
Ausstrahlung: Montag bis Donnerstag, 23.00 Uhr, Comedy Central
Tickets: www.thedailyshow.com/tickets.jhtml
Mindestalter: 18
www.thedailyshow.com

The Colbert Report

Hartnäckigster Rollenspieler im Fernsehen. Vergleichbar mit der *Daily Show with Jon Stewart.*

Die vergleichsweise unauffällige Markise des Colbert Report in der 54th Street.

Politsatire

Ableger der *Daily Show with Jon Stewart*, in der Stephen Colbert viele Jahre als »Korrespondent« aufgetreten war. In seiner eigenen Show verlässt er niemals seine Rolle. Er spielt den rechten, patriotischen, regierungstreuen, selbstverliebten Ja-Sager, der sich für den persönlichen Beschützer von US-Präsident Bush hält, ihn in Wirklichkeit aber genau dadurch mit beißender Ironie und Sarkasmus vorführt. Selbst während des Interviews mit dem Studiogast in der zweiten Hälfte der Sendung fällt Colbert nicht aus seiner Rolle, und so gehört auch dieser Teil zur Gesamtsatire. Das scheint dem Gast jedoch nicht immer klar zu sein, was zu besonders skurrilen oder entlarvenden Situationen führt.

Auch dem Weißen Haus war der wahre Kern von Colberts Botschaft offenbar entgangen, als es ihn zum offiziellen »White House Correspondents Dinner« 2006 als Redner einlud. Und so feuerte Colbert dort, wo sonst traditionell harmlose Witzchen erzählt werden, die niemanden schmerzen, in der Maske des Verfechters der Bush-Agenda und nur etwa zwei Meter von Präsident George W. Bush entfernt stehend, Sätze ab wie: »Dieser Mann steht zu seiner Meinung. Er ist kein Umfaller. Er hält mittwochs noch an den gleichen Grundsätzen fest wie montags! Ganz egal, wie sehr sich am Dienstag die Faktenlage geändert hat.« Das krampfhafte Lachen in Bushs Gesicht verschwand im Lauf der 20-minütigen Rede immer mehr, während selbst er merkte, dass dieser ihm unbekannte Herr Colbert viel-

Bei der Gelegenheit

Geographisch nehmen die *Late Show with David Letterman* und die *Daily Show with Jon Stewart* den *Colbert Report* in ihre Mitte. Inhaltlich mag das erklären, warum alle drei Sendungen so gut sind.

leicht doch nicht so sehr auf seiner Seite war.

So ist *The Colbert Report* noch spezieller als die *Daily Show*, die Auswahl der Gäste noch eher auf Politiker oder politische Journalisten ausgerichtet.

Wer sich mit amerikanischer Politik befasst und die Ironie begreift, wird seine helle Freude haben.

Im Oktober 2007, pünktlich zur Veröffentlichung seines Buches »I Am America (And So Can You!)«, kündigte Stephen Colbert seine Präsidentschaftskandidatur an und machte sie und seinen Weg durch die bürokratischen Instanzen drei Wochen lang zum Thema seiner Show, bis klar war, dass er gar nicht antreten darf. Das Buch wurde ein Bestseller.

Das System der Ticketbestellung wechselt gelegentlich. Anrufe und E-Mails wurden zeitweise angenommen, zuletzt war eine Reservierung nur noch über ein Formular auf der Internetseite möglich. Der jeweils aktuelle Weg, an Tickets zu kommen, ist im Zweifelsfall unter *www.comedycentral.com/shows/the_colbert_report/index.jhtml* nachzulesen.

Aufzeichnungen finden montags bis donnerstags um 19.00 Uhr statt, die Türen werden immer um 17.15 Uhr geöffnet, ein Eintreffen weitere eineinhalb Stunden vorher wird in der Reservierungsbestätigung für sinnvoll erklärt, da auch hier mehr Tickets ausgegeben werden, als das Studio Plätze hat. Wer allerdings ein reguläres Ticket hat und trotzdem nicht mehr reinkommt, erhält ein

Stephen Colbert: »Ödipus hat ein großartiges Sexualleben zerstört, indem er zu viele Fragen gestellt hat.«

VIP-Ticket für den nächsten Tag und hat dann Vorrang. Die einkalkulierte Wartezeit ist hier so lang, wie bei keiner anderen Show, was in einem krassen Missverhältnis dazu steht, dass die Show an sich nur halb so lang ist (30 Minuten) wie die meisten Shows, die vor Publikum aufgezeichnet werden.

Standby: Sollten nach Einlass aller Ticketinhaber kurz vor 19 Uhr noch Plätze frei sein, werden spontan Standby-Tickets vergeben. Die Wahrscheinlichkeit, eines zu bekommen, ist nicht sehr groß, aber wer es versucht, hat zumindest nicht lange gewartet.

Adresse: 62 513 West 54th Street (zwischen 10th und 11th Avenue)
Subway: Blaue Linien C, E bis 50th Street. Dann 20 Minuten Fußweg
Showtime: Montag bis Donnerstag, 19.00 Uhr, Comedy Central
Ausstrahlung: Montag bis Donnerstag, 23.30 Uhr, Comedy Central
Tickets: www.comedycentral.com/shows/the_colbert_report/tickets/tickets_reservation_system.jhtml
Mindestalter: 18
www.comedycentral.com/shows/the_colbert_report/index.jhtml

The Today Show

Ältestes Frühstücksfernsehen der Welt (seit 1952). Vergleichbar mit dem *ZDF-Morgenmagazin.*

Für diese NBC-Show benötigen Sie keine Tickets. Gehen Sie einfach hin. Montag bis Freitag live von 7 Uhr bis 10 Uhr. Das Sendestudio ist an der südwestlichen Ecke von 49th Street und Rockefeller Plaza und hat große Glasscheiben, durch die man in die laufende Sendung gucken kann. Interessanter ist aber alles, was außen passiert. Mindestens Wettermann Al Roker, manchmal auch die Moderatoren Matt Lauer, Ann Curry und Meredith Viera, stehen zeitweise auf dem freien Platz direkt neben dem Sendestudio, der morgens für Außenaktionen reserviert ist und den Sie schon an dem abgesperrten Bereich erkennen können, um den herum sich jeden Tag Schaulustige versammeln. Selbstgemalte Schilder mit der Aufschrift »Hi! Mom« sind keine Pflicht, es wirkt aber so. Die Kamera schwenkt oft übers Publikum, manchmal plaudern die Moderatoren auch mit den Zuschauern.

Wer früher kommt, steht weiter vorn. Im Sommer geben freitags Bands Mini-Konzerte im Rahmen der Show, dann herrscht erfahrungsgemäß noch mehr Andrang.

Auch die anderen großen Sender ABC und CBS senden ab 7.00 Uhr morgens Frühstücksfernsehen, das

Bei der Gelegenheit

Die Radio City Music Hall, ein paar Schritte die Straße runter, fasst 6000 Zuschauer und ist damit eine der größten Veranstaltungshallen der Welt. Auf dem Weg dorthin kommen Sie an der Schlange vorbei, die sich jeden Morgen um diese Zeit vor dem NBC-Eingang bildet, wo Fans hoffen, Standby-Tickets für *Late Night with Conan O'Brien* zu bekommen.

Wer Tickets will muss Geduld beweisen.

Passanten riskieren einen Blick ins Studio.

nach sehr ähnlichem Muster abläuft und ebenfalls Schaulustige gern sieht. Beide Sendungen dauern zwei Stunden. ***The Early Show*** von CBS verfügt ebenfalls über einen freien Platz vor dem Studio, auf dem vor allem im Sommer manchmal kleine Konzerte veranstaltet werden. Das Studio ist schräg gegenüber vom Südostende des Central Park an der Ecke 5th Avenue und 59th Street. Auch ABC hat einen Platz, der ist aber nicht frei: Das Studio von ***Good Morning America*** befindet sich am Times Square, Ecke Broadway und 44th Street, und auch hier kann man durch die Scheiben hineinschauen.

Adresse: (30) Studio 1A, Rockefeller Plaza, Ecke 49th Street
Subway: Orange Linien B, D, F, V bis 47th–50th Streets/Rockefeller Center
Showtime: Montag bis Freitag, 7.00 Uhr (live)
Ausstrahlung: Montag bis Freitag, 7.00 Uhr (live)
Tickets: ---
Mindestalter: ---
www.nbc.com/today

Al Roker: »Puh, kalt heute.«

Saturday Night Live

Die begehrtesten Fernsehtickets in New York und das militärischste Vorgehen bei der Vergabe. Vergleichbar mit *RTL Samstag Nacht, Die Wochenshow.*

Comedy-Klassiker: In dieser 90-minütigen Wochenend-Late-Night-Show begannen große Karrieren: John Belushi, Dan Aykroyd, Bill Murray, Eddie Murphy, Julia Louis-Dreyfus, Jim Belushi, Billy Crystal, Martin Short, Dana Carvey, Mike Myers, Chris Rock, Adam Sandler, David Spade, Will Ferrell, Jimmy Fallon und viele mehr. Der Kultfaktor dieser Mutter aller Sketch-Shows, die seit 1975 auf Sendung ist, ist entsprechend hoch. Wer auch immer gerade zum Ensemble gehört, ist zu diesem Zeitpunkt in der Regel noch nicht prominent, doch das tut ihrer Beliebtheit keinen Abbruch. Bei keiner anderen Show ist es für Besucher so schwer, an Tickets heranzukommen. Der Gesamtandrang ist größer als bei der *Late Show with David Letterman*, doch statt 200 Shows werden von *Saturday Night Live* nur durchschnittlich 20 Shows pro Jahr produziert. Reguläre Tickets werden deshalb ausschließlich verlost. Nur im August kann man sich für die komplette kommende Saison (September bis Mai) per E-Mail an *snltickets@nbcuni.com* um Tickets bewerben. Es ist nicht erlaubt, ein konkretes Datum anzufordern, auch dieses wird ausgelost. Eine Antwort kommt nur im Fall eines Ticketgewinns.

Standby: Auch hier gibt es Standby-Tickets: Sie werden wie bei *Late Night with Conan O'Brien* am jeweiligen Sendetag in der 49th Street auf der Außenseite des Seiteneingangs der NBC Studios (30 Rockefeller Plaza) ausgegeben. Und zwar um 7.00 Uhr morgens! Für eine Sendung, die bis 1.00 Uhr nachts dauert! Trotzdem bildet sich auch hier schon Stunden vorher eine Schlange. Diese Standby-Tickets kommen später ggf. in der entsprechend ihrer Ausgabe nummerierten Reihenfolge zur Geltung.

Tina Fey: »George W. Bushs Zustimmung in der Bevölkerung ist auf ein Allzeittief gesunken. Wenn die Zahlen sich nicht verbessern, könnte Bush der erste Präsident werden, der sitzenbleibt und seine Präsidentschaft wiederholen muss.«

Bei der Gelegenheit

Gehen Sie doch zwischendurch noch mal ins Hotel und machen ein Nickerchen. Oder schreiben Sie sich gleich für die U.S. Army ein, wenn Sie solchen Umgang mögen. Das geht am Times Square auf einer Verkehrsinsel in Höhe 43rd Street zwischen 7th Avenue und Broadway, da steht eine Bude mit der Aufschrift »U.S. Armed Forces Recruiting Station«.

In diesen Studios sind viele Formate beheimatet.

Minimal größere Chancen hat, wer jetzt statt für die Live-Sendung Tickets für die Generalprobe (dress rehearsal) etwas früher am Abend verlangt. Wer ein Standby-Ticket bekommen will, muss persönlich anwesend sein und darf die Schlange zwischendurch nicht verlassen, es wird nur ein Ticket pro Person ausgegeben.

Adresse: 30 30 Rockefeller Plaza (49th Street zwischen 5th Avenue und Avenue of the Americas/6th Avenue)
Subway: Orange Linien B, D, F, V bis 47th–50th Streets/Rockefeller Center
Showtime: Samstag, 23.30 Uhr (live)
Ausstrahlung: Samstag, 23.30 Uhr, NBC (Kanal 4)
Tickets: per E-Mail an snltickets@nbcuni.com
Mindestalter: 16
Format: Comedyshow
www.nbc.com/Saturday_Night_Live

Live with Regis and Kelly

Regis Philbin ist der Guinness-Weltrekordhalter für die meisten Sendestunden vor der Kamera (im Sommer 2004 waren es bereits 15 000 Stunden). Vergleichbar mit einer Mischung aus *Sat.1-Frühstücksfernsehen* und *Volle Kanne.*

Promi-Talkshow

Vormittags-Plauderstündchen, dessen überwiegend älterem Hausfrauenpublikum es zu verdanken ist, dass diese Show zu den wenigen gehört, die noch Ticketanfragen per Post akzeptiert. Die Show wirkt bieder, ist aber unterhaltsam. Moderator Regis Philbin ist eine lebende Legende. Er ist 76 Jahre alt und Guinness-Rekordhalter für die meisten moderierten Fernsehstunden. Es gibt keine geschriebenen Gags oder Sketche. Philbin und Co-Moderatorin Kelly Ripa unterhalten sich eine Weile über die aktuellen Zeitungsschlagzeilen, Gott und die Welt oder was sie am Vortag gemacht haben, Regis hat in der Regel auch ein paar Fotos davon und zeigt sie. Richtig, er zeigt Fotos. Im Fernsehen! Ist das allein nicht schon genial? Dann gibt es ein Gewinnspiel für einen Anrufer und jemanden aus dem Studiopublikum. Jeder Zuschauer bekommt vorab ein Kärtchen mit einer Nummer in die Hand gedrückt und muss ganz doll jubeln, wenn seine Nummer genannt wird, denn dann hat er einen Koffer gewonnen oder irgendetwas anderes Sperriges, das nicht in einen Koffer passt. Dann kommen Prominente zum Plausch vorbei, eventuell gibt es noch einen Musikerauftritt.

Es gibt keine Studioband, um die Werbepausen zu überbrücken, stattdessen kommen Regis und Kelly ins Publikum, beantworten Fragen und plaudern noch etwas mehr.

Fernsehlegende Regis Philbin (Mitte) während einer Außenaktion in der 67th Street.

Gelegentlich finden auch Außenaktionen in der 67th Street statt, zum Beispiel jedes Jahr um Ostern herum anlässlich der »New York International Auto Show«. Regis und Kelly stellen dann die neuesten Modelle vor, die im Studio keinen Platz gefunden hätten. Das gibt auch Passanten ohne Tickets die Möglichkeit, die Moderatoren während der Live-Sendung zu sehen.

Zu Philbins größten Fans und Freunden gehört David Letterman, der äußerst selten als Gast in Talkshows auftritt. In den vergangenen zehn Jahren gab er nur drei Interviews, also etwa so viele wie Harald Schmidt an einem Tag. Zwei davon gab er Regis Philbin, 2004 und 2007. Philbin war im März 2007 von einer mehrwöchigen Pause wegen einer dreifachen Herz-Bypass-Operation zurückgekommen, und Letterman war sein erster Gast nach der Rückkehr. Letterman selbst war 2000 ein fünffacher Bypass gelegt worden, Regis Philbin war damals in der letzten Sendung vor *und* in der ersten Sendung nach der Pause sein Gast.

Wer Tickets für *Live with Regis and Kelly* bestellen möchte, sollte dies rechtzeitig tun. Die Produktionsfirma bittet um mindestens sechs bis acht Wochen Vorlauf und eine konkrete Angabe des gewünschten Datums mit mehreren Alternativen. Die Wartezeit kann allerdings bis zu einem Jahr betragen. Benötigt werden neben dem Datum noch Name, Anschrift, Telefonnummer und Anzahl der gewünschten Tickets. Maximal vier sind möglich. Außerdem wird um einen frankierten und adressierten Rückumschlag gebeten.

Bei der Gelegenheit

Lincoln Center ist ein großer Komplex mit mehreren Theatern, zu dem auch das Metropolitan Opera House (Broadway und 64th Street) gehört.
Der Central Park ist nur einen Block Richtung Osten entfernt.

Standby: Ab 7 Uhr morgens werden Standby-Tickets ausgegeben. Früher zu kommen ist natürlich besser, denn warum sollten es gleich viele Zuschauer sein, die ein Jahr lang auf reguläre Tickets gewartet haben und dann nicht erscheinen?

Adresse: 63 7 Lincoln Square (an der Kreuzung von West 67th Street und Columbus Avenue)
Subway: Rote Line 1 bis 66th Street/Lincoln Center
Showtime: Montag bis Freitag, 9.00 Uhr (live). Im Sommer wird donnerstags gegen Mittag eine zweite Show aufgezeichnet, die dann freitags gesendet wird
Ausstrahlung: Montag bis Freitag, 9 Uhr, ABC (Kanal 7)
Tickets: LIVE with Regis and Kelly Tickets Ansonia Station P.O. Box 230-777 New York, NY 10023-077
Mindestalter: 10 (unter 18 nur in Begleitung Erziehungsberechtigter)
http://bventertainment.go.com/tv/buenavista/regisandkelly

Showtime at the Apollo

Show mit dem meinungsfreudigsten Publikum. Vergleichbar mit dem *Quatsch Comedy Club.*

Variety-show

Das weltberühmte Apollo Theater wurde bereits in der zweiten Hälfte des 19. Jahrhunderts gegründet und ist seit 1928 im jetzigen Gebäude in der 125th Street in Harlem untergebracht. Neben wechselnden Konzerten und Comedy-Abenden findet hier regelmäßig mittwochs die »Amateur Night« statt, ein Forum für neue Künstler, vor allem Komiker, aber auch Musiker.

Viele schaffen es in die Fernsehshow *Showtime at the Apollo*, die es seit 1987 in immer neuen Inkarnationen gibt, und die im Wesentlichen eine Nummernrevue ist. Für viele junge Talente ist das Apollo eine echte Bewährungsprobe, denn das Publikum ist nicht gerade dafür bekannt, Buhrufe zu unterdrücken, wenn ihm etwas nicht gefällt. 1934 begann auf dieser Bühne die Karriere von Ella Fitzgerald.

Die Show wird nicht wie eine Fernsehshow, sondern wie eine Theaterveranstaltung gehandhabt, was in erster Linie bedeutet, dass die Karten in diesem Fall **nicht kostenlos** sind, weshalb es auch keine Standby-Tickets gibt. Außer an der Theaterkasse gibt es die Karten an offiziellen Kartenvorverkaufsstellen, z.B. online unter *www.ticketmaster.com*.

D.C. Benny: »Am Zoll wurde ich gefragt: ›Bringen Sie Drogen nach Jamaica?‹ Drogen *nach* Jamaica? Das ist, als bringe man Slimfast nach Äthiopien!«

Bei der Gelegenheit

Harlem gilt als bekannteste schwarze Gemeinde der Welt und ist das Zentrum afro-amerikanischer Kultur in Manhattan. Harlem beginnt im Westen in Höhe der 125th Street, im Osten schon in Höhe der 96th Street. Die Zeiten, als das Viertel als viel zu gefährlich für Besucher galt, sind vorbei. Auch Harlem ist aufgeblüht, obgleich unschwer zu erkennen ist, dass hier deutlich ärmere Menschen leben als weiter südlich in Manhattan. Die 125th Street ist im Prinzip das, was der Broadway in Midtown Manhattan ist: eine belebte Einkaufsstraße mit Geschäften und Theatern, das berühmteste ist das Apollo.

Nur ein paar Häuser weiter bietet der Harlem Visitor Information Kiosk (163 West 125th Street, zwischen Adam Clayton Powell Jr. Boulevard und Lenox Avenue/Malcolm X Boulvard) weitere Informationen an.

Hier verkehrt die U-Bahn oberirdisch.

Adresse: 64 Apollo Theater: 253 West 125th Street (Dr. Martin Luther King Jr. Boulevard), zwischen Adam Clayton Powell Jr. Boulevard (7th Avenue) und Frederick Douglass Boulevard (8th Avenue)
Subway: Blaue Linien A, C, orange Linien B, D bis 125th St. Dann noch fünf Minuten Fußweg

Showtime: Amateur Night–mittwochs um 19.30 Uhr
Ausstrahlung: In der Nacht von Samstag auf Sonntag, 1.00 Uhr, NBC (Kanal 4)
Tickets (kostenpflichtig): Box Office am Theater selbst, Tel. (001) 212-531-5305
Mindestalter: 18
www.apollotheater.org

The View

Die Show mit den meisten Moderatorinnen gleichzeitig. Vergleichbar mit einer Mischung aus *Blond am Freitag* und *Herman & Tietjen*.

Promi-Talkshow

Laberstunde am Vormittag. Mindestens vier Moderatorinnen, darunter Whoopi Goldberg, winken gemeinsam Promis durch.

Produzentin und Moderatorin Barbara Walters ist eigentlich Vollblut-Journalistin, lässt sich das bei diesem vorgezogenen Kaffeeklatsch aber nicht anmerken. Die gleichen Prominenten wie in jeder anderen Show stellen ihre gleichen Filme, Serien, Bücher oder CDs vor, spielen aber neben dem quietschfidelen Moderatorinnenquartett nur eine untergeordnete Rolle.

Die spannendsten Geschichten passieren bei dieser Show ohnehin hinter den Kulissen, wie im Sommer 2006, als die beleidigte Moderatorin Star Jones, deren Vertrag nach neun Jahren nicht verlängert werden sollte, plötzlich in der Live-Sendung ihren Abschied ankündigte, ohne ihren Kolleginnen diesen Plan im Vorfeld mitgeteilt zu haben. Kalte Blicke zwischen Jones und ihrer Chefin Barbara Walters wurden noch während der Sendung ausgetauscht, hinterher in anderen Medien Gift gespritzt. Seit Herbst 2006 bestand die Runde neben Walters aus Joy Behar, Elisabeth Hasselbeck und Rosie O'Donnell. Letztere hatte von 1996 bis 2002 ihre eigene werktägliche Talk-/Varietyshow aus New York moderiert, die damals zu den Shows mit dem stärksten Publikumsandrang gehörte. Bei *The View*

Bei der Gelegenheit

An der U-Bahn-Station Lincoln Center findet sich, Überraschung, das Lincoln Center (vollständiger Name: Lincoln Center for the Performing Arts), ein großer Komplex aus mehreren Gebäuden, die sich den darstellenden Künsten widmen. Dazu gehört neben mehreren anderen Theatern und Veranstaltungssälen auch die berühmte New Yorker Oper »Met«, das Metropolitan Opera House (Kreuzung Broadway und 64th Street).

Whoopi Goldberg: »Ist die Erde eine Scheibe?«
Sherri Shepherd: »Ist die Erde eine Scheibe? Ich weiß es nicht.«
Whoopi Goldberg: »Was glaubst du?«
Sherri Shepherd: »Ich habe nie darüber nachgedacht.«
Barbara Walters: »Du hast nie darüber nachgedacht, ob die Erde rund ist?«
Sherri Shepherd: »Ich kann dir sagen, worüber ich nachgedacht habe: Wie ich mein Kind ernähre, wie ich meine Familie versorge. Ob die Erde eine Scheibe ist, war für mich nie wichtig.«

blieb sie nur ein Jahr und trat ebenfalls unter merkwürdigen Umständen ab: Schon einen Monat vor ihrem geplanten Abschied hatte sie sich mit ihrer Kollegin Hasselbeck eine hitzige Debatte über den Irakkrieg geliefert, die sehr persönlich wurde. Anschließend teilte der Sender mit, O'Donnell werde an keiner weiteren Sendung teilnehmen. Ihren Platz nahm im September 2007 Whoopi Goldberg ein, im gleichen Monat stieß Sherri Shepherd zur Runde, die nach nur einer Woche den Spott der Nation auf sich zog, als sie in Erwägung zog, die Erde könnte vielleicht doch eine Scheibe sein. Walters selbst ist nicht immer dabei, und wenn doch, sind sie eben zu fünft.

Die ungefähre Wartezeit auf reguläre Tickets gibt der produzierende Sender ABC mit einem Jahr an. Sie sind normalerweise über die u.g. Internetseite zu bestellen. Um der Flut der Anfragen Herr zu werden, wird diese Möglichkeit jedoch immer wieder vorübergehend abgeschaltet.

Wer ein reguläres Ticket hat, muss um 9.30 Uhr am Studio sein. Wer zuerst kommt, wird zuerst eingelassen.

Mit Heimatadressen außerhalb der USA und Kanadas war die Ticketbestellung zuletzt nicht mehr möglich, für diesen Fall bleibt nur die Standby-Möglichkeit.

Barbara Walters (links) und Rosie O'Donnell.

Standby: Von 8.30 Uhr bis 10.00 Uhr werden Standby-Tickets am Publikumseingang (320 West 66th Street) ausgegeben. Sie sind nummeriert und kommen in dieser Reihenfolge ab 10.20 Uhr zur Geltung, falls Inhaber regulärer Tickets nicht zur Sendung erscheinen.

Adresse: 65 320 West 66th Street (zwischen West End Avenue und Hudson River)
Subway: Rote Linie 1 bis Lincoln Center. Dann noch ca. 15 Minuten Fußweg
Showtime: Montag bis Donnerstag, 11.00 Uhr (live), eine weitere Show an einem Nachmittag (Aufzeichnung)
Ausstrahlung: Montag bis Freitag, 11.00 Uhr, ABC (Kanal 7)
Tickets: http://abc.go.com/daytime/theview/tickets
Mindestalter: 16
www.abc.com/theview

Martha

Größter Kompostproduzent im Fernsehen. Vergleichbar mit einer Mischung aus *Alfredissimo* und *Avenzio.*

Wer denkt, Möhren schälen allein könne noch keine Fernsehshow füllen, hat natürlich recht. Sie müssen schon auch noch einen Apfel zerteilen und Fleisch schneiden, aber dann haben Sie eine Show.

In dieser Show kann man also nicht nur sehen, wie eine Fernsehshow gemacht wird, sondern auch, wie man kocht. Prominente Gäste stehen zeitweise mit am Herd, und zwischendurch dekoriert und schmückt Martha ein bisschen herum. Essen, Lifestyle, Gesundheit, Wohnen und Handarbeiten sind wesentliche Themen.

Martha Stewart gilt in den USA schon lange als Superhausfrau. Nachdem sie als Model und Börsenbroker gearbeitet hatte, erarbeitete sie sich ihr Image seit den späten 80er-Jahren durch eine Reihe von Büchern, Zeitschriften und Fernsehshows. Dass sie nicht nur eine Superhausfrau, sondern auch eine Supergeschäftsfrau ist, allerdings nicht ganz astrein, wurde ab 2002 deutlich: Damals wurden ihr erstmals Insidergeschäfte vorgeworfen und Ermittlungen gegen sie eingeleitet. Ins Gefängnis musste sie 2004 nicht direkt deshalb, sondern wegen Falschaussagen und Behinderung der Justiz während der Ermittlungen. Ihre Entlassung aus dem Gefängnis wurde im März 2005 von einem unüberschaubaren Medienrummel begleitet, von dem sie letztlich sogar zu profitieren schien. Ihre noch im gleichen Jahr gestartete Show *Martha* wurde ein Erfolg, der mittlerweile im dritten Jahr ist.

> Martha Stewart: » … dann noch zwei Drittel einer Tasse Joghurt, Zimt …«

Tickets für die Show können über den unten genannten Online-Link bestellt werden. Die Homepage ist relativ unübersichtlich, weshalb es ein bisschen Geduld erfordert, sich durchzuklicken. Wenn Sie ein Mann sind, vergessen Sie's gleich. Männer sind zwar nicht ausdrücklich unerwünscht, als Teil des Studiopublikums im Regelfall aber nicht vorgesehen. So soll man beispielsweise bei der Ticketbestellung auch noch die Frage beantworten, ob man eine junge Mutter, Mutter eines Säuglings, Mutter eines Schulkinds, zukünftige Braut oder schwanger ist.

Um bis zu vier Tickets können Sie online bitten, eine Antwort erhalten Sie allerdings nur für den Fall, dass Ihnen tatsächlich Tickets zugeteilt werden, in diesem Fall gut drei Wochen vor dem Sendetermin. Die online gelisteten verfügbaren Termine liegen in der Regel etwa zwei Monate in der Zukunft.

Bei der Gelegenheit

Drei Straßen südlich steht ein Kulturdenkmal: Das **Hotel Chelsea** (222 West 23rd Street, zwischen 7th und 8th Avenue) wurde 1883 erbaut und steht heute unter Denkmalschutz. Die Bewohner dieses Hauses wehren sich dagegen, es renovieren zu lassen, weil sie um das besondere Flair fürchten. Das Hotel Chelsea beherbergt auch Kurzzeitgäste, ist aber vor allem dafür bekannt, Dauerwohnsitz vieler Maler, Musiker, Literaten und anderer Künstler zu sein: Mark Twain, Arthur Miller, Thomas Wolfe, Bob Dylan, Leonard Cohen, Frida Kahlo und Stanley Kubrick lebten hier, Sex-Pistols-Bassist Sid Vicious und die Schriftsteller Dylan Thomas und Charles R. Jackson starben hier an einer Überdosis Heroin, respektive einer Alkoholvergiftung und freiwillig. Sid Vicious' Freundin starb hier ebenfalls, aber weit weniger freiwillig. Mitte 2007 ging der Hoteldirektor Stanley Bard, der das Hotel 52 Jahre lang geführt und den Posten von seinem Vater übernommen hatte, in den Ruhestand. Dies geschah allerdings nicht ganz freiwillig, sondern auf Druck der Eigentümer. Dabei war Bard doch erst 72. Noch Monate später machten die Bewohner des Hotels ihren Verdruss über diese Entscheidung deutlich, indem sie große »Bring back the Bards!«-Banner aus ihren Fenstern hängen ließen.

Unter (001) 917-438-5999 können nachfragen, falls Sie mit einer größeren Gruppe ins Publikum möchten.

Standby: Zwei Stunden vor der Sendung bildet sich in der Regel eine Schlange vor dem Studio.

Adresse: 66 221 West 26th Street (zwischen 7th und 8th Avenue)
Subway: Blaue Linien C, E bis 23rd St. Dann fünf Minuten Fußweg
Showtime: Dienstag, 10.00 Uhr, Mittwoch und Donnerstag 10.00 Uhr und 14.00 Uhr (teilweise live)
Ausstrahlung: Montag bis Freitag, 10.00 Uhr, NBC (Kanal 4)
Tickets: www.marthastewart.com
Mindestalter: 10 (unter 18 nur in Begleitung Erziehungsberechtigter)
www.marthastewart.com

Maury

Die sicherste Gelegenheit, öffentliche Vaterschaftstests zu erleben. Vergleichbar mit *Vera am Mittag* oder der *Oliver Geissen Show.*

Wenn Sie einfach nur bei irgendeiner Fernsehshow dabei sein wollen, haben Sie hier gute Chancen. Die Macher dieser Art von Shows haben Publikum so nötig, dass sie zeitweise die Warteschlangen anderer Shows abgrasen und deren Fans zum Mitkommen überreden. Dafür gibt's dann aber auch manchmal eine schicke Fahrt in einer abgedunkelten Stretch-Limousine zum Hotel Pennsylvania, wo die Show von Moderator Maury Povich aufgezeichnet wird. Das klingt nach dem fremden Onkel mit dem Lolli, und etwa auf diesem Niveau ist die Show auch, die sich seit ihrem Start 1991 irgendwo zwischen Krawall und Vaterschaftstests etabliert hat. Prominente sind hier nicht zu Gast, nur der Durchschnittsproll von nebenan. Trotzdem bietet natürlich auch ein Daily Talk den Einblick hinter die Kulissen einer TV-Produktion. Diese Art von Show wird allerdings nicht »live on tape« aufgezeichnet, also nicht in Echtzeit, sondern nach der Aufzeichnung geschnitten, was bedeutet, dass die Aufzeichnung aufreibende zwei bis drei Stunden dauern kann.

Moderator Maury Povich.

Standby: Unter der Telefonnummer (001) 212-244-7545 können manchmal kurzfristig Standby-Tickets für den nächsten Tag bestellt werden, die zur Geltung kommen, falls Inhaber regulärer nicht erscheinen.

Adresse: 67 15 Penn Plaza (33rd Street zwischen 6th Avenue und 7th Avenue)
Subway: Rote Linien 1, 2, 3 bis 34th St./Penn Station oder orange Linien B, D, F, V oder gelbe

Linien N, Q, R, W bis 34th St./Herald Sq. Anschließend je drei bis fünf Minuten Fußweg
Showtime: Dienstag bis Donnerstag, 10.30 Uhr und 13.00 Uhr (Aufzeichnung)
Ausstrahlung: Montag bis Freitag, 9.00 Uhr und 10.00 Uhr, The CW (Kanal 11)
Tickets: www.mauryshow.com/tickets.html, per E-Mail an tickets@themauryshow.com oder per Post an The Maury Show, Tickets, 15 Penn Plaza/Grand Ballroom, New York, NY 10001, USA
Mindestalter: 18

Maury Povich: »Sie sind nicht der Vater! Und Sie auch nicht!«

Aufzeichnungsort der Show: das Hotel Pennsylvania.

Bei der Gelegenheit

Die Show wird im **Hotel Pennsylvania** aufgezeichnet, einem der größten Touristenklötze der Stadt mit 1700 Zimmern. Glenn Miller trat mit seinem Orchester in den frühen 1940er-Jahren für mehrere Jahre im Ballsaal des Hotels auf und benannte seinen Hit »Pennsylvania 6–5000« nach der Telefonnummer des Hotels, unter der es heute noch zu erreichen ist: PE (Staatskürzel für Pennsylvania, entspricht auf der Telefontastatur den Ziffern 73) 6–5000. Wer von außerhalb anruft, muss natürlich die Vorwahlen 001 für die USA und 212 für New York mitwählen.
Anfang 2007 kamen Pläne auf, das Hotel abzureißen und ein Bürohochhaus an seiner Stelle zu errichten, denn in Manhattan gibt es ja noch nicht genug Bürohochhäuser. Gegenüber vom Hotel ist der **Madison Square Garden**, eine riesige Konzertarena und die Heimspielstätte des Basketballteams New York Knicks und der Eishockeymannschaft New York Rangers. Jede Woche finden hier fünf bis sechs Großveranstaltungen statt.
Nur zwei Avenues weiter, von hier aus schon nicht zu übersehen, erhebt sich das **Empire State Building** (5th Avenue und 34th Street). Auf dem Weg dorthin kommen Sie an dem Riesenkaufhaus **»Macy's«** vorbei (34th Street zwischen Broadway und 7th Avenue), das sich »weltgrößtes Kaufhaus« nennt und im Oktober 2008 sein 150-jähriges Bestehen feiern kann.

MTV TRL

Lauteste Show am Nachmittag. Vergleichbar mit *VIVA Interaktiv.*

Teenie-show

Wenn Sie über 24 sind, vergessen Sie's gleich. Dann könnte der Geräuschpegel im Studio Ihnen bereits Herzprobleme bereiten. Zum Glück dürfen Sie in diesem biblischen Alter ohnehin nicht rein. *MTV TRL*, kurz für *Total Request Live*, ist eine schrille Nachmittagsshow mit Musik und Talk für kreischende Teenager, die im Angesicht ihrer Pop-Idole nicht mehr an sich halten können. Auch den Moderator vergöttern sie zuweilen. Carson Daly wurde durch *TRL* zum Zielgruppenstar und moderiert seit 2002 seine eigene Late-Night-Show *Last Call with Carson Daly* nachts um 1.30 Uhr bei NBC. Sie wurde bis Herbst 2005 in den New Yorker NBC-Studios im Rockefeller Center aufgezeichnet und zog dann nach Los Angeles um.

TRL hat heute wechselnde Moderatoren. Wie hochkarätig die Gäste sind, erkennt man oft schon am Auflauf auf der Straße vor dem gläsernen Studio am Times Square. Das ist zwar im ersten Stock, doch manchmal kann man durch die Glasfront jemanden erspähen. Meistens sieht man vor allem Kameras.

Im MTV Store unten im Haus liegen manchmal Flyer aus, die über Aufzeichnungen weiterer MTV-Shows informieren. Um Tickets für *TRL* kann man sich

Show mit hohem Kreisch-Faktor.

Bei der Gelegenheit

Times Square: Die Mitte von allem – einfach wirken lassen. Der berühmte Theaterdistrikt bietet unter anderem viele Restaurants und Touristennepp.
Schräg gegenüber: Der **Virgin Megastore** (1540 Broadway, zwischen 45th und 46th Street), einer der größten CD- und DVD-Läden der Welt. Von da aus bereits zu sehen: Die **tkts**-Bude, ebenfalls noch auf dem Times Square (Ecke Broadway und 47th Street). »tkts« steht für »Tickets«; die Tickets für die Broadway-Stücke desselben Abends werden hier nämlich nachmittags zum stark reduzierten Preis verkauft (in der Regel gibt es einen Nachlass von 50 Prozent).

per E-Mail unter *trlcasting@mtvstaff.com* bewerben. Gegen Mittag kommt auch gelegentlich ein Producer der Show runter, mischt sich unter die Meute und stellt Wissensfragen zu Popstars, für deren richtige Antworten er Standby-Tickets verteilt.

Die tägliche Live-Sendung wurde 2007 eingestellt, zuletzt wurden nur noch montags und dienstags jeweils mehrere Sendungen aufgezeichnet. Ausstrahlung ist weiterhin jeden Werktag. Das Wort »live« im Titel wurde beibehalten. Ebenfalls 2007 kamen Gerüchte über eine Absetzung auf.

Adresse: 57 1515 Broadway (Times Square, Ecke 44th Street)
Subway: Gelbe Linien N, Q, R, W, rote Linien 1, 2, 3, graue Linie S, lila Linie 7 bis Times Sq.
Showtime: Montag und Dienstag, diverse Startzeiten (Aufzeichnung)
Ausstrahlung: Montag bis Freitag, 15.30 Uhr, MTV
Tickets: per E-Mail an trlcasting@mtvstaff.com
Mindestalter: 16
Höchstalter: 24
www.mtv.com/ontv/dyn/trl/series.jhtml

Zuschauerin:
»Aaaaaaaaaaaaaaaaaaaaaaaaah!«

Rachael Ray

Rachael raspelt so viele Gurken wie Süßholz. Vergleichbar mit dem *ARD-Buffet.*

Service-shoe

Haushalts- und Lebenshilfeshow, so ähnlich wie *Martha.* Gurken raspeln, Kochen, Senf fürs Leben von einer Briefkastentante, Schmucktipps, prominente Gäste mit zu bewerbenden Serien, Filmen oder Produkten, Überraschungen, Tränen der Rührung und zwischendurch ein bisschen Interaktion mit den Zuschauern. Sei es durch Zuschriftenaktionen, Malwettbewerbe, Umfragen oder eine persönliche Geschichte, die eine Zuschauerin zu Beginn erzählt und die so offensichtlich vorher abgesprochen war, dass selbst Rudi Carrell gelangweilt gegähnt hätte.

Es kann passieren, dass Sie mit einem Geschenk nach Hause gehen. Hat zum Beispiel ein Schauspieler eine neue DVD zu bewerben oder ein Autor ein neues Buch, bekommt zuweilen jeder im Studiopublikum diesen Artikel geschenkt.

Wer sich um einen Platz im Studiopublikum bemühen möchte, kann auf *www.rachaelrayshow.com/show-info/audience-tickets* ein Online-Formular für bis zu vier Tickets ausfüllen, die im Erfolgsfall per E-Mail versandt werden. Es besteht die Möglichkeit, aus einer Auswahl einen bevorzugten Monat anzuklicken, gleichzeitg wird jedoch allen Ernstes darauf hingewiesen, dass es wegen der hohen Nachfrage ein bis zwei Jahre dauern könnte, bis man eine Antwort erhält. Bei einer so jungen Sendung (seit September 2006) und in einem Geschäft, in dem man nie weiß, ob man nächsten Monat nicht vielleicht schon abgesetzt ist, ist das ein dicker Hund.

Rachael Ray: »Weiß vielleicht jemand eine Geschichte?«

Standby: Wer reguläre Tickets hat, sollte etwa 90 Minuten vor der Aufzeichnung da sein, und zur gleichen Zeit empfiehlt es sich auch, für Standby-Tickets anzustehen, falls man keine zwei Jahre Zeit hat. Einlass ist natürlich auch in diesem Fall Glückssache.

Adresse: 68 222 East 44th Street, zwischen 2nd Avenue und 3rd Avenue
Subway: Grüne Linien 4, 5, 6, lila Linie 7 bis Grand Central/42nd St., jeweils fünf bis zehn Minuten Fußweg
Showtime: Dienstag bis Donnerstag, 12.00 Uhr und 16.00 Uhr (Aufzeichnung)
Ausstrahlung: Montag bis Freitag, 10.00 Uhr, ABC (Kanal 7)
Tickets: http://www.rachaelrayshow.com/show-info/audience-tickets/
Mindestalter: 16
www.rachaelrayshow.com

The People's Court

Prägendste Gerichtsshow im Nachmittagsprogramm. Vergleichbar mit *Richterin Barbara Salesch.*

Wie bei *Richterin Barbara Salesch* in ihren Anfangstagen auch, handelt es sich bei *The People's Court* um ein echtes Schiedsgericht, das kleinere Alltagsstreitigkeiten verhandelt und dessen Schiedssprüche rechtlich bindend sind. Es gibt noch eine weitere Parallele: Weder *Richterin Barbara Salesch* noch *The People's Court* war die erste Gerichtsshow im jeweiligen Land, aber beide lösten den Boom des Genres aus. 1981 ging *The People's Court* erstmals auf Sendung.

Von 1997 bis 1999 war Ed Koch Vorsitzender Richter in dieser Show, ein Jurist, der von 1969 bis 1977 dem amerikanischen Kongress angehörte und ab 1978 zwölf Jahre lang Bürgermeister von New York war. Seine politischen Errungenschaften zum Wohl der Stadt machten den konservativen Demokraten während seiner ersten Amtszeit parteiübergreifend so populär, dass er bei der nächsten Wahl als Kandidat beider großer Parteien gleichzeitig antrat und mit 75 Prozent der Stimmen gewann. Weitere vier Jahre später war zumindest seine Beliebtheit in der Bevölkerung ungebrochen. Die republikanische Partei hatte zwar wieder einen eigenen Kandidaten, doch diesmal gewann Koch sogar mit 78 Prozent.

Derzeitige Richterin in der Fernsehsendung ist Marilyn Milian.

Bei der Gelegenheit

Nur drei Minuten die Straße runter ragt das Empire State Building (350 Fifth Avenue, Ecke 34th Street) in den Himmel. Mehr darüber steht bei *Without a Trace.*

Adresse: 69 401 Fifth Avenue (zwischen 36th Street und 37th Street)
Subway: Grüne Linie 6 bis 33rd St oder grüne Linien 4, 5, 6, lila Linie 7 bis Grand Central/42nd St., dann jeweils fünf bis zehn Minuten Fußweg
Showtime: Variable Zeiten (Aufzeichnung)
Ausstrahlung: Montag bis Freitag, 9.00 Uhr und 16.00 Uhr, Fox (Kanal 5)
Tickets: Tel. 001-888-780-8587, per E-Mail: tickets@peoplescourt.com; per Post: The People's Court, 401 Fifth Avenue, 7th Floor, New York, NY 10016, USA
Mindestalter: 18
http://peoplescourt.warnerbros.com

Montel

So viele Hypnotisierte sieht man sonst nirgends. Vergleichbar mit *Vera am Mittag; Oliver Geissen Show.*

Täglich laufende Talkshow mit Montel Williams, seit 1991 auf Sendung, die wie alle Formate dieser Art sensationslüstern daherkommt, aber wesentlich ruhiger und abwechslungsreicher als *Maury*. *Polizeiwillkür, familiäre Gewalt, ärztliche Kunstfehler, Transvestiten, Wie höre ich mit dem Rauchen auf?, Wie entkomme ich einer Sekte?, Depressionen, Übergewicht, Helden des Alltags*, und immer wieder »Spaß mit Hypnose«. Das Themenspektrum ist breit, die Betroffenheit grundsätzlich groß. Und wem Leid widerfuhr, erhält von Montel in der Regel den Rat, den Schuldigen zu verklagen!

Montel Williams zeichnet meistens mittwochs und donnerstags jeweils drei Shows auf, jedes Mal vor neuem Publikum. Auf der Internetseite stehen immer die aktuell noch verfügbaren Daten, und in der Regel sind dort über das reguläre Bestellformular noch sehr kurzfristig Tickets für dieselbe Woche zu bekommen. Weil der Andrang hier weit geringer ist als zum Beispiel bei den populären Late-Night-Shows und die Daily Talks Publikum oft sehr nötig haben, sind auch Gruppen von zehn Personen oder mehr herzlich willkommen! Dann per gewöhnlicher E-Mail an *groups@montelshow.com*.

Bei der Gelegenheit

Sie befinden sich im berüchtigten Stadtteil Hell's Kitchen, wo auch *The Daily Show with Jon Stewart* und *The Colbert Report* ihre Studios haben. Etwa zehn Minuten Fußmarsch entfernt ist auch der Platz des legendären Studio 54 (254 West 54th Street, zwischen Broadway und 8th Avenue), jener in den 70er- und 80er-Jahren populären Disco, über die der gleichnamige Film mit Salma Hayek gedreht wurde. Heute hat die nichtkommerzielle Roundabout Theatre Company ihren Sitz darin.

Montel Williams: »Ich wünsche Ihnen, dass Sie sie bis aufs Hemd ausziehen.«

Adresse: 70 433 West 53rd Street, zwischen 9th und 10th Avenue
Subway: Blaue Linien C, E bis 50th St. Dann noch ca. zehn Minuten Fußweg
Showtime: Variable Zeiten am Vormittag und Nachmittag, meistens mittwochs und donnerstags (Aufzeichnung)
Ausstrahlung: Montag bis Freitag, 10.00 Uhr, Fox (Kanal 5) und 13.00 Uhr, MyNetwork (Kanal 9)
Tickets: www.montelshow.com/tickets/
Mindestalter: 18
www.montelshow.com

Who Wants to Be a Millionaire?

Meistverbreitete Quizshow der Welt (lizenziert in 107 Ländern). Vergleichbar mit *Wer wird Millionär?*

Quiz

Die amerikanische Version von *Wer wird Millionär?* war ebenfalls mal ein Megahit. Der Sender ABC verbrannte die Show mit Starmoderator Regis Philbin aber schnell, indem er sie bis zu fünfmal pro Woche zur besten Sendezeit im Programm hatte, und so ließ das Interesse, so rasch wie es gekommen war auch, wieder nach. Heute läuft die Show noch immer fünfmal die Woche, aber nur werktags im Mittagsprogramm, dauert nur noch eine halbe Stunde und wird von Meredith Viera moderiert. Sie entsteht wie am Fließband: In der Regel werden im Herbst drei Monate lang hintereinander so viele Folgen produziert (meist mehrere am Tag), dass sie bis zum nächsten Sommer ausreichen.

Für die Ticketbestellung gibt es zwar ein Online-Formular, das mit deutschen Adressen aber nicht funktioniert. Sie können es aber unter der unten angegebenen Telefonnummer oder Adresse versuchen.

Bei der Gelegenheit

Der Central Park liegt von hier aus nur ein paar Meter weiter die Straße runter, ist entspannend und kostet nicht einmal Eintritt.

Jeder hofft auf die Million.

Adresse: 71 30 West 67th Street, zwischen Columbus Avenue (9th Avenue) und Central Park West (8th Avenue)
Subway: Rote Line 1 bis 66 St/Lincoln Center. Dann fünf Minuten Fußweg
Showtime: verschiedene Termine im Herbst
Ausstrahlung: Montag bis Freitag, 12.30 Uhr, ABC (Kanal 7)
Tickets: http://www.millionairetv.com/tickets.html, Telefon: (001) 212-479-7755, Post: Who Wants to Be a Millionaire, Columbia University Station, P.O. Box 250225, New York, NY 10025, USA
Mindestalter: 18
www.millionairetv.com

American Museum of the Moving Image

Film und Fernsehen zum Ansehen und Mitmachen.

Jede Menge Requisiten. Zu sehen sind hier zum Beispiel vier der hässlichen Pullover, die Bill Cosby als Cliff Huxtable in der *Bill Cosby Show* trug, der Raumanzug von Robin Williams aus *Mork vom Ork*, viele Requisiten, die für Gags und Sketche in der *Late Show with David Letterman* verwendet wurden, und unzählige Garderoben und weitere Requisiten aus bekannten Kinofilmen, Drehbücher, Skizzen, Poster und antike Fanartikel.

Im Gegensatz zu Museen, in denen man die Exponate nur ansehen kann, haben Sie hier jede Menge Möglichkeiten zur Interaktion: Sie können per Stop-Frame-Animation einen eigenen kleinen Trickfilm erstellen oder in einem Synchronstudio selbst eine Filmszene nachvertonen. An anderen Computerkonsolen ist es möglich, die passende Filmmusik für vorgegebene Filmszenen aus einer Auswahl von jeweils vieren auszusuchen und anzuhören. Oder Sie üben sich in Bildbearbeitung und konvertieren Ihre eigene Breitwandszene in ein klassisches 4:3-Fernsehbild ohne schwarze Balken.

Darüber hinaus gibt es jede Menge historische Stücke aus der Film- und Fernsehgeschichte zu sehen: alte Kinematographen, Kameras, Mikrofone und sonstige Geräte, uralte Fernsehzeitschriften und andere Magazine.

In Vorführsälen werden ganze Filme gezeigt und an kleineren Bildschirmen oder größeren Leinwänden laufen in Dauerschleifen kurze Dokumentationen über die Arbeit bei Film und Fernsehen.

Bei der Gelegenheit

Direkt gegenüber sind die Kaufman Astoria Studios, strenggenommen befindet sich das Museum sogar auf deren Grundstück. Die Studios sind zwar der Öffentlichkeit nicht zugänglich, aber da Sie sowieso daran vorbeilaufen, interessiert es Sie vielleicht, dass hier neben zahlreichen Kinofilmen zum Beispiel die *Bill Cosby Show* gedreht wurde und die *Sesamstraße* noch immer hier gedreht wird.

Adresse: 72 3601 35th Avenue, Kreuzung mit 36th Street in Astoria, Queens
Subway: Gelbe Linie R oder orange Linie V bis Steinway Street, anschließend ca. zehn Minuten Fußweg.
Eintritt: 10 Dollar
Öffnungszeiten: Mittwoch und Donnerstag von 11 bis 17 Uhr, Freitag von 11 bis 20 Uhr (ab 16 Uhr freier Eintritt), samstags und sonntags von 11 bis 18.30 Uhr. Montags und dienstags ist geschlossen.
www.movingimage.us

NBC Studio Tour

Früher war NBC mal Marktführer. Heute ist der Sender immerhin noch Touristenführer.

Eine dieser typischen Touren, bei denen man kurz nach Beginn erst mal einen Film gezeigt bekommt, damit der Tourguide nicht so viel reden muss. Der Film zeigt die Geschichte des Senders NBC und huldigt seinen vielen Stars, der Tourguide zeigt anschließend mehrere der Studios, in denen die Stars ihre Sendungen produziert haben oder noch produzieren, darunter die Studios des Comedy-Klassikers *Saturday Night Live*, des Frühstücksfernsehens *Today Show*, der Spätshow *Late Night with Conan O'Brien*, des Magazins *Dateline NBC* und der Hauptnachrichten *NBC Nightly News*. Je nach Tageszeit sind nicht alle Studios in der Führung enthalten, da der laufende Sendebetrieb natürlich nicht gestört wird. Darüber hinaus gibt es einen Blick hinter die Kulissen, zum Beispiel in die Maske oder die Regie im Kontrollraum.

Die Tour beginnt im NBC Experience Store, einem großen Fanartikel-Laden, der T-Shirts, Mützen, Tassen, DVDs und sonstige Merchandising-Artikel der NBC-Sendungen zu halbwegs horrenden Preisen verkauft. Sie dauert etwa 70 Minuten.

Bei der Gelegenheit

***Saturday Night Live* und *Late Night with Conan O'Brien* zeichnen hier vor Publikum auf, die Comedyserie *30 Rock* spielt hier.**

Manchmal bekommen Teilnehmer der Tour noch Tickets zu Aufzeichnungen neuer Shows in die Hand gedrückt, die noch so unbekannt sind, dass sie sich ihr Publikum mühsam zusammenklauben müssen. Darunter können aber durchaus Perlen sein, denn auf genau diese Weise wurden Mitte der 90er-Jahre noch Zuschauer für Conan O'Brien rekrutiert, der heute einer der größten Stars des amerikanischen Fernsehens ist.

Adresse: 30 30 Rockefeller Plaza (49th Street zwischen 5th und 6th Avenue)
Subway: Orange Linien B, D, F, V bis 47th–50th Streets/Rockefeller Center
Eintritt: 18,50 Dollar
Zeiten: Die Kernzeit geht von 9.30 Uhr bis 16.30 Uhr; Montag bis Donnerstag beginnt man schon ab 8.30 Uhr; Freitag und Samstag wird bis 17.30 Uhr alle 15 Minuten gestartet
www.nbcuniversalstore.com

The Paley Center for Media

Ein Museum voller bewegter Bilder. Minikinos und Videokonsolen holen die TV-Geschichte zurück.

Vormals »The Museum of Television and Radio«, gab sich diese New Yorker Institution im Juni 2007 einen neuen Namen, um der Tatsache gerecht zu werden, dass Fernsehen und Radio nicht mehr die einzigen relevanten elektronischen Medien der Gegenwart sind. Namensgeber ist der Gründer der Einrichtung, der frühere CBS-Chef William S. Paley.

Dennoch spielt das Fernsehen weiterhin die größte Rolle. In mehreren Vorführsälen werden ausgewählte Programme der vorangegangenen Fernsehjahrzehnte gezeigt, von der Mondlandung bis zu den *Simpsons*. Das Programm ändert sich außerdem täglich.

Eine riesige elektronische Programmbibliothek bietet außerdem Zugriff auf individuell auswählbare Fernsehprogramme. Jeder Besucher hat die Möglichkeit, sich am Computer aus dem Gesamtbestand bis zu vier Sendungen oder zwei Stunden Programm auszuwählen und sie sich anschließend auf einer eigenen Videokonsole im großen, dunklen Videoraum allein oder zu zweit mit Kopfhörern anzusehen.

Ein Paradies für Fernsehjunkies.

Bei der Gelegenheit

In der gleichen Straße, ein paar Meter weiter westlich, hat der Fernsehsender **CBS** seinen Sitz, zwei Straßen südlich ist **Rockefeller Center** mit den Studios des Konkurrenten NBC (siehe **NBC Studio Tour**) und **Radio City Music Hall,** auf gleicher Höhe an der 5th Avenue die berühmte **St. Patrick's Cathedral** und eine Straße nördlich das **Museum of Modern Art.**

In der Programmbibliothek finden sich neben Meilensteinen der Fernsehgeschichte auch viele Raritäten, besondere Höhepunkte aus Shows, populäre Serienepisoden, nie gezeigte Szenen sowie Mitschnitte vieler Abendseminare, die das Paley Center unregelmäßig veranstaltet. Darin geht es um medienrelevante Themen oder konkrete Sendungen, die die Macher und Mitwirkenden vor Publikum diskutieren. Wer sich rechtzeitig, z.B. über die Internetseite oder den telefonischen Ansagedienst unter (001) 212-621-6800, über anstehende Termine informiert, hat vielleicht das Glück, Tickets für eine solche Veranstaltung zu bekommen.

Beim Themenabend »*Boston Legal* comes to New York« saßen im Mai 2006 sämtliche Hauptdarsteller auf der Bühne, und Denny-Crane-Darsteller William Shatner erklärte, früher habe man ihm auf der Straße zugerufen: »Beam mich hoch!«, heute rufe man »Beam mich hoch, Denny Crane!« Im April 2007 erzählte *Late-Night*-Moderator Conan O'Brien von seiner schwierigen Anfangsphase, 14 Jahre zuvor, als ihm trotz fehlender Erfahrung vor der Kamera niemand sagte, wie er gefälligst seine Show zu gestalten habe, was eigentlich ganz schön gewesen sei, aber irgendwie habe er sich gewünscht, »die Erwachsenen« hätten ihm gezeigt, wo's langgeht.

An ein Museum erinnern lediglich die wechselnden Ausstellungen im Erdgeschoss und die Bilder an den Wänden der anderen Etagen, davon abgesehen ist das Paley Center eher ein Multimedia-Center, das auch über »Listening Rooms« für historische Radioprogramme verfügt. Insofern trägt der geänderte Name auch dieser Tatsache Rechnung.

Wer in der »Library« selbst recherchieren und seine eigenen ausgewählten Fernsehprogramme anschauen möchte, sollte dies bereits an der Kasse am Eingang mitteilen und bekommt dann einen Termin im Lauf des Nachmittags zugeteilt. Wer schon am Mittag da ist, bekommt in jedem Fall einen, später, am Nachmittag, werden die Plätze manchmal knapp.

Adresse: 73 25 West 52nd Street, zwischen 5th Avenue und Avenue of the Americas (6th Avenue)
Subway: Blaue Linie E oder orange Linie V bis 5th Ave/53rd St. Dann einen Block zu Fuß in Richtung Süden.
Eintritt: 10 $
Öffnungszeiten: Dienstag bis Sonntag 12 bis 18 Uhr, Donnerstag bis 20 Uhr. Montags geschlossen.
www.paleycenter.org

Tour New York TV and Movie Sites

Bustour mit Frischluftstationen, die für ihre Länge erstaunlich abwechslungsarm ist.

Die dreieinhalbstündige Bustour führt an vielen Film- und Fernsehschauplätzen im südlichen Viertel Manhattans vorbei. Ein Reiseleiter erzählt unterhaltsame Anekdoten über die Film- und Fernsehindustrie und die Stadt New York, stellt kleine Quizfragen, verteilt als Belohnung für richtige Antworten fantastische Preise in der Größenordnung von Schokoriegeln, zeigt auf kleinen Bordbildschirmen Ausschnitte aus den Filmen und Serien, um die es geht, und bekommt etwas Beunruhigendes, wenn er mitten auf der Straße aus vollen Halse den kompletten Titelsong von *Friends* vorsingt. An nur drei Stellen haben die Teilnehmer die Gelegenheit, auszusteigen und ordentliche Fotos zu machen, der Rest ist nur aus dem Bus heraus zu sehen.

Die Veranstalter haben eindeutig ihre Favoriten: Neben einer stattlichen Anzahl von Filmen geht es immer wieder um *Seinfeld* und *Friends*, obwohl zum Beispiel der prominenteste Schauplatz von *Seinfeld*, Tom's Restaurant, gar nicht Bestandteil der Tour ist. Andere Serien, namentlich *Sex and the City* und *Die Sopranos*, werden zwar erwähnt, ihre Schauplätze aber strategisch ignoriert, obwohl die Tour in unmittelbarer Nähe von Carries Wohnhaus aus *Sex and the City* vorbeiführt. Es findet weder in der Erzählung des Reiseleiters noch in der später ausgehändigten Broschüre Erwähnung. Der Grund ist schnell ausgemacht: Zu beiden Serien bietet der gleiche Veranstalter Extratouren an, für die er sich durch geschicktes Umgehen der beiden in der *TV and Movie Sites Tour* wohl größeren Zulauf verspricht.

Natürlich ist eine dreieinhalbstündige Tour durch den stockenden New Yorker Stadtverkehr viel zu kurz, um der hohen Zahl der dort angesiedelten Film- und Fernsehproduktionen gerecht zu werden, darüber hinaus ist die hier getroffene Auswahl sehr fragwürdig. Kein Filmemacher steht mehr für New York als Woody Allen, und keiner seiner Filme kommt hier vor. Klassische New Yorker Serien wie *Kojak* und *NYPD Blue* fehlen ebenfalls.

Der Ticketpreis von 36 Dollar ist dreist, außerdem erwartet der Tour-

Bei der Gelegenheit

Drei Straßen nördlich des Treffpunkts ist das Ed Sullivan Theater (1697 Broadway), in dem die *Late Show with David Letterman* aufgezeichnet wird und vormittags Ticketanfragen für die nächsten Tage angenommen werden.

Nur nicht den Überblick verlieren.

guide allen Ernstes noch ein Trinkgeld. Wer allerdings wenig Zeit und viel Geld hat, kommt mit dieser Tour in ein paar sehenswerte Gegenden, die er sonst vielleicht nicht zu Gesicht bekäme.

Adresse: 74 Ecke Broadway und 51st Street
Subway: Rote Linie 1 bis 50th Street
Eintritt: 36 Dollar
Zeiten: Täglich 11 Uhr
www.sceneontv.com/tour.php/manhattan

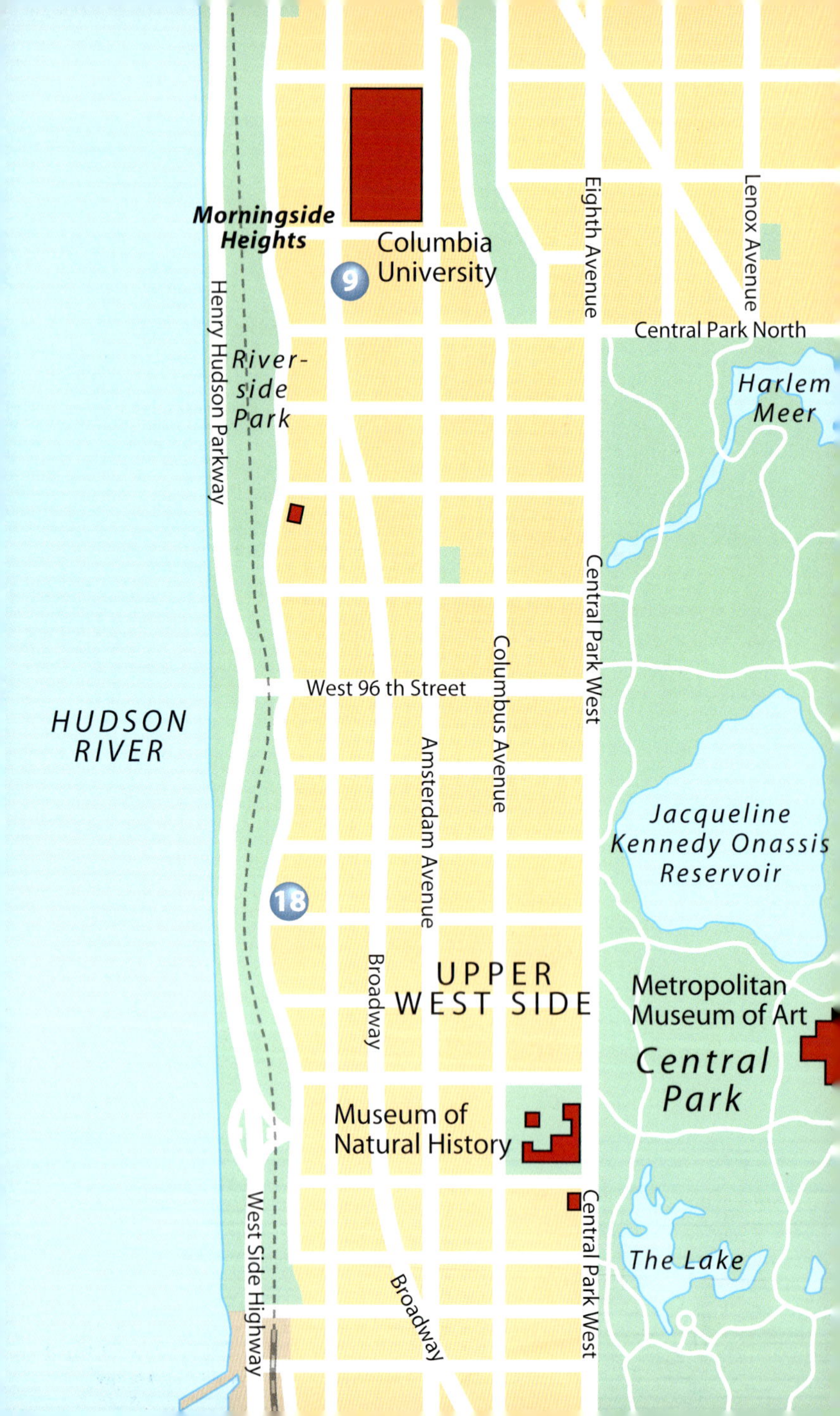
Morningside Heights
Columbia University
9
Eighth Avenue
Lenox Avenue
Central Park North
Henry Hudson Parkway
Riverside Park
Harlem Meer
Central Park West
Columbus Avenue
West 96 th Street
HUDSON RIVER
Amsterdam Avenue
Jacqueline Kennedy Onassis Reservoir
18
Broadway
UPPER WEST SIDE
Metropolitan Museum of Art
Central Park
Museum of Natural History
West Side Highway
Central Park West
The Lake
Broadway

East Harlem
HARLEM
Jefferson Park
Ward's Island Park
EAST RIVER
East 96 th Street
Guggenheim Museum
28
Carl Schurz Park
Yorkville
Franklin D. Roosevelt Drive
WEST CHANNEL
EAST CHANNEL
East 75 th Street
UPPER EAST SIDE
Hunter College
0 200 400 600 800 1000 m

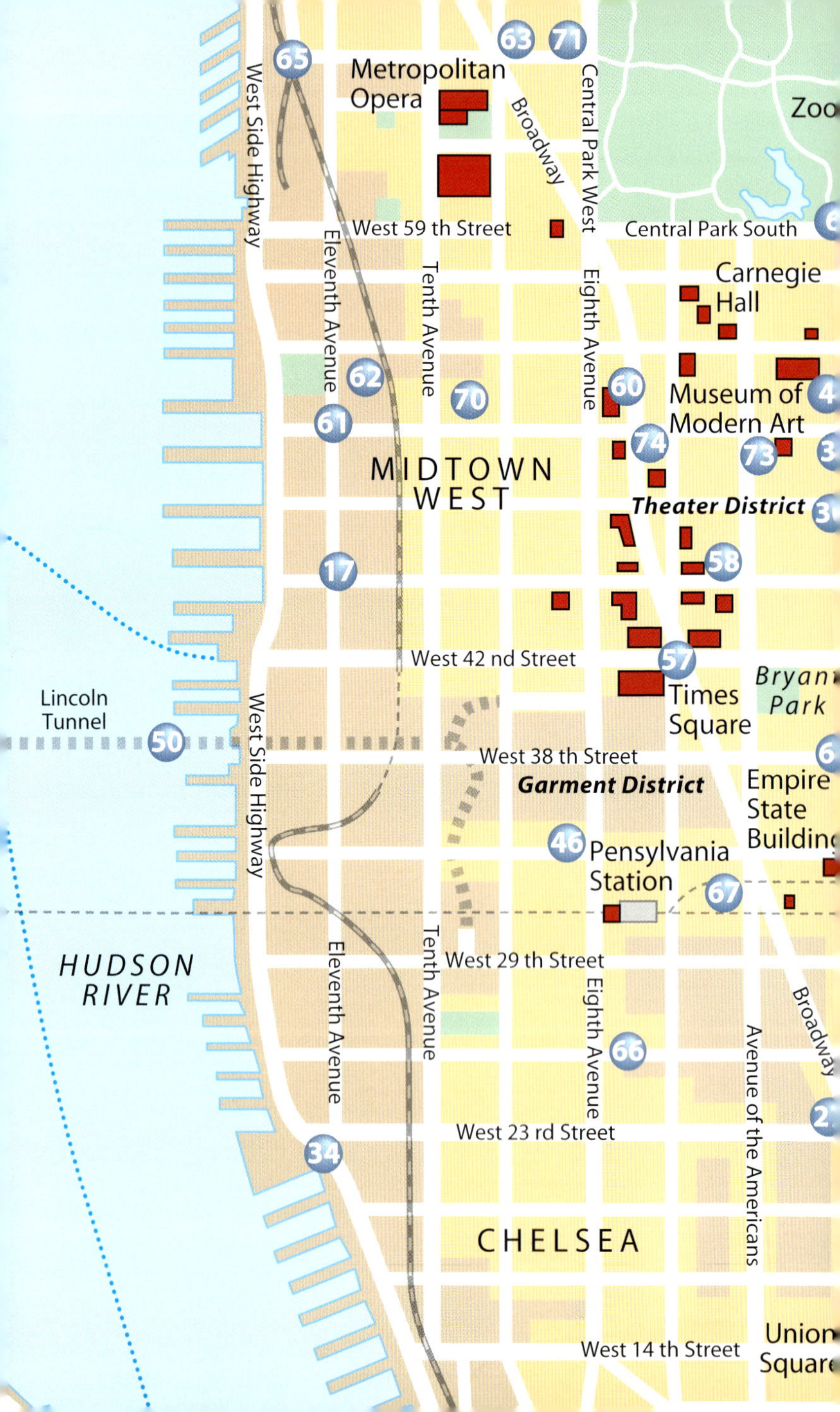

Metropolitan
Opera
Broadway
Central Park West
Zoo
West Side Highway
West 59 th Street
Central Park South
Carnegie
Hall
Eleventh Avenue
Tenth Avenue
Eighth Avenue
Museum of
Modern Art
MIDTOWN
WEST
Theater District
West 42 nd Street
Bryant
Park
Times
Square
Lincoln
Tunnel
West 38 th Street
Garment District
Empire
State
Building
Pensylvania
Station
HUDSON
RIVER
West 29 th Street
Avenue of the Americans
West 23 rd Street
CHELSEA
West 14 th Street
Union
Square
65
63
71
62
61
70
60
74
73
17
58
57
50
46
67
66
34

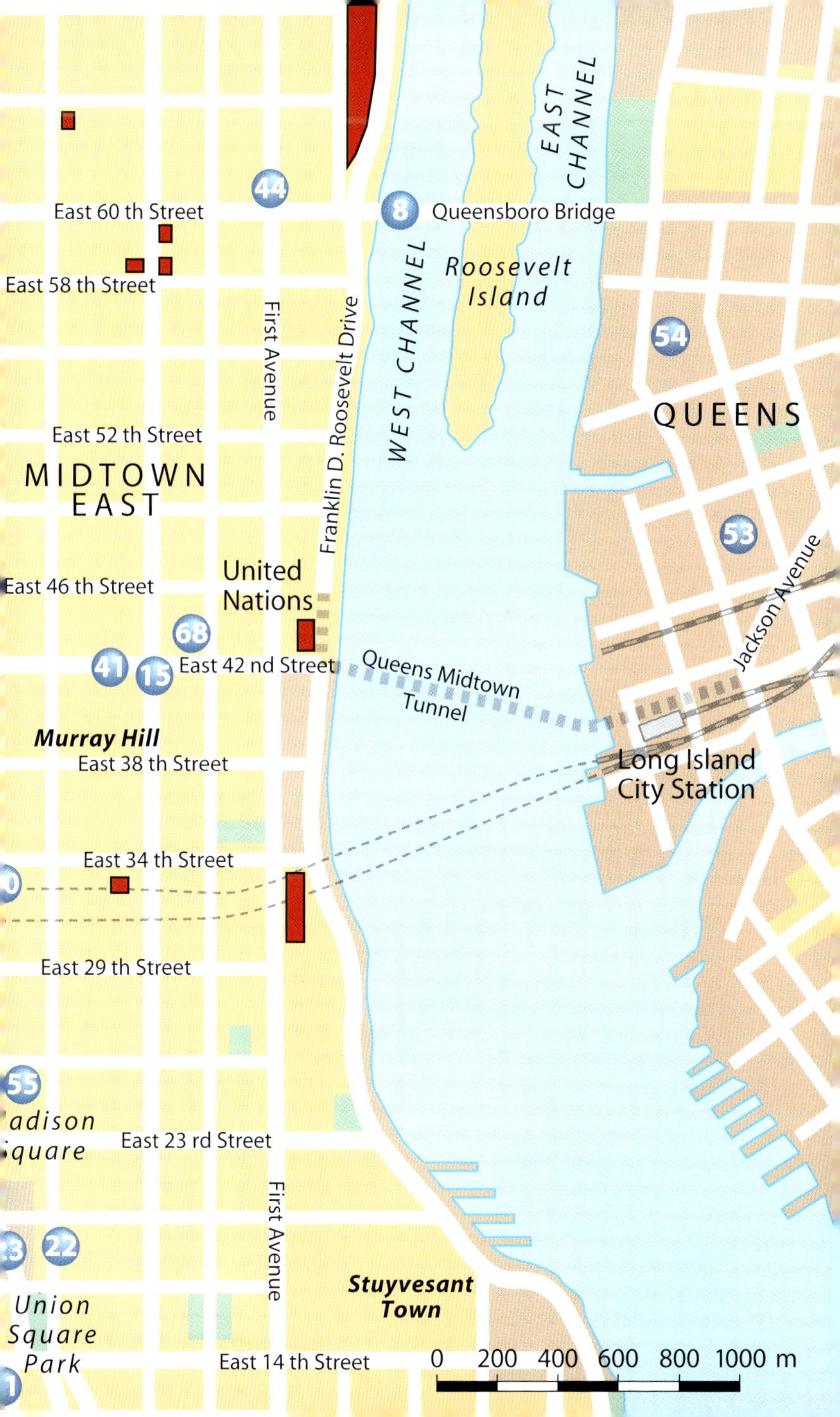

44
East 60 th Street
8
Queensboro Bridge
East 58 th Street
EAST CHANNEL
WEST CHANNEL
Roosevelt Island
First Avenue
Franklin D. Roosevelt Drive
54
QUEENS
East 52 th Street
MIDTOWN EAST
53
East 46 th Street
United Nations
Jackson Avenue
68
41
15
East 42 nd Street
Queens Midtown Tunnel
Murray Hill
East 38 th Street
Long Island City Station
East 34 th Street
East 29 th Street
55
adison
quare
East 23 rd Street
First Avenue
22
Union Square Park
Stuyvesant Town
East 14 th Street
0 200 400 600 800 1000 m

47
1
2
5
7
25
3
Canal Street
West Side Highway
Tribeca
Holland Tunnel
HUDSON RIVER
Gewerbe und Industriegebiete
Finanzzentrum
Park- und Grünanlagen
Straßentunnel
Eisenbahn
Fähre
0 200 400 600 800 1000 m

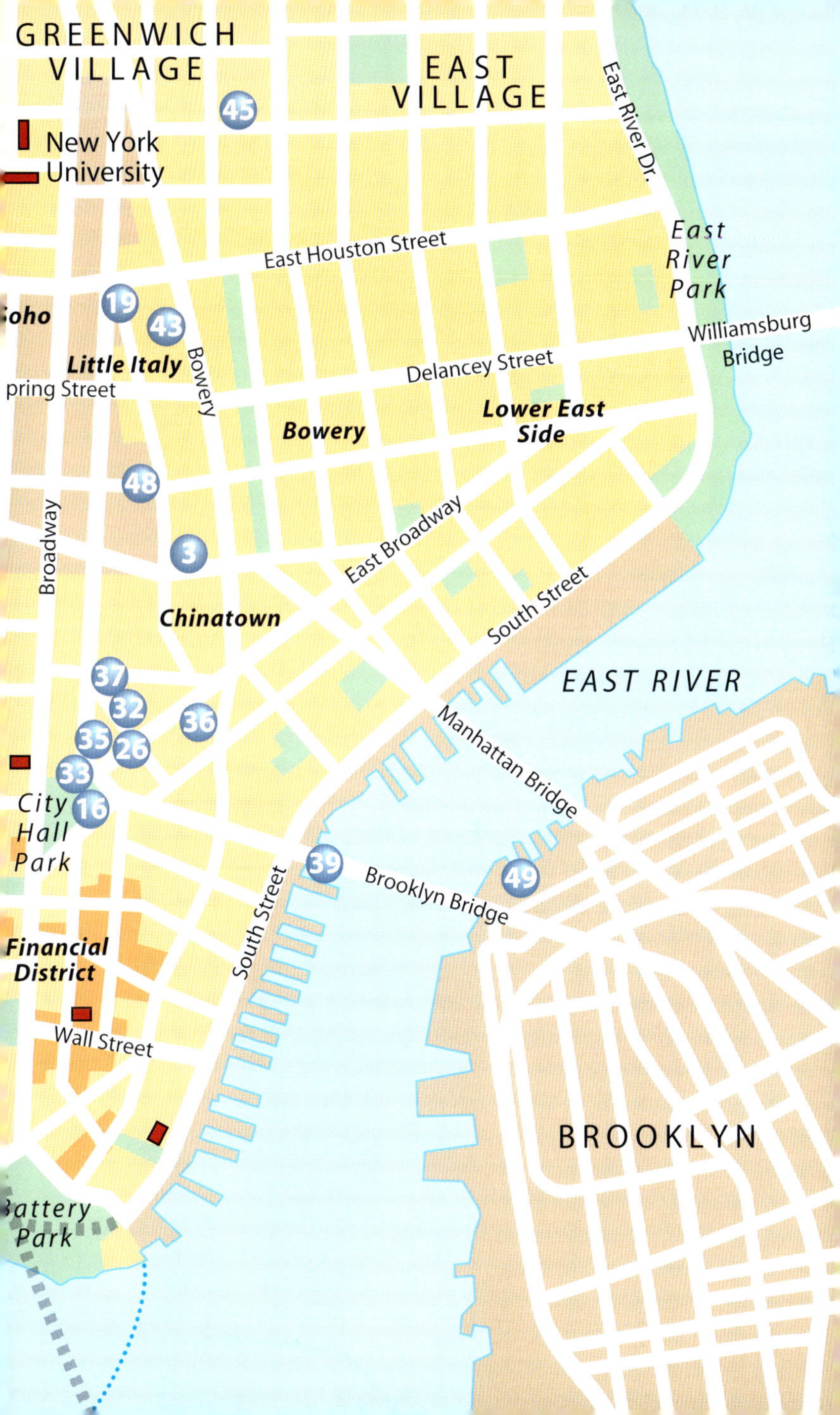
GREENWICH VILLAGE
EAST VILLAGE
45
New York University
East River Dr.
East Houston Street
East River Park
19
43
oho
Little Italy
Bowery
Williamsburg Bridge
Delancey Street
pring Street
Bowery
Lower East Side
48
Broadway
East Broadway
3
Chinatown
South Street
EAST RIVER
37
32
36
35
26
33
Manhattan Bridge
City Hall Park
16
39
49
Brooklyn Bridge
South Street
Financial District
Wall Street
BROOKLYN
attery Park

Personenregister

A
Aiello, Danny 92
Alexander, Jason 26
Alley, Kirstie 45
Aniston, Jennifer 17
Armstrong, Louis 29
Arndt, Denis 92

B
Baldwin, Alec 51
Beach, Michael 81
Belknap, Anna 66
Bell, Coby 81
Belzer, Richard 57
Benben, Brian 44
Bishop, Kelly 101
Black, Michael Ian 102
Blake, Robert 92
Bledel, Alexis 101
Bledsoe, Tempestt 19
Boatman, Michael 33
Bonet, Lisa 19
Boone, Lesley 102
Bostwick, Barry 33
Bowen, Julie 102
Britton, Connie 33
Bullock, Sandra 97

C
Cabrera, Santiago 87
Cahill, Eddie 66
Cameron, Kirk 97
Cannavale, Bobby 81
Carlson, Amy 81
Caruso, David 71
Cattrall, Kim 14
Cavanagh, Tom 102
Chamberlain, Richard 93
Clapp, Gordon 71
Close, Eric 63
Cibrian, Eddie 81
Colbert, Stephen 118
Collins, Stephen 95f
Conaway, Jeff 21
Conty, Vince 69
Conrad, William 95
Cortese, Dan 45
Cosby, Bill 92, 140
Cox, Courteney 17
Cronin, Rachel 102
Curreira, Lee 89
Curtin, Jane 95

D
Dale, Alan 85
Daly, Carson 134
Daly, Tyne 73
Danner, Blythe 96
Danson, Ted 42, 97
Danza, Tony 21, 103
Davis, Daniel 37
Davis, Kristin 14
Delaney, Kim 71
Demetral, Chris 44
Demosthenes Savalas, George 69
Désert, Alex 42
DeVito, Danny 21
DiCaprio, Leonardo 97
Dobson, Kevin 69
D'onofrio, Vincent 60
Drescher, Fran 37
Dushku, Eliza 97

E
Edelstein, Lisa 99
Elizondo, Hector 95
Epps, Omar 99
Erbe, Kathryn 60

F
Farina, Dennis 55
Farrol, Terry 42
Ferlito, Vanessa 66
Ferrara, America 85
Fey, Tina 51
Fletcher, Jessica 95
Florek, Dann 57
Fox, Michael J. 33
Franz, Dennis 71
Frazer, Dan 69

G
Gaberman, Alexander 33
Gimpel, Erica 89
Giovinazzo, Carmine 66
Gless, Sharon 73

Goldberg, Whoopi 97, 128f
Graham, Lauren 101
Grunberg, Greg 87
Guerra, Saverio 42
Guilfoyle, Paul 96
Gwynne, Fred 97

H

Harper, Hill 66
Hayes, Sean 35
Hargitay, Mariska 57
Hegyes, Robert 49
Helmond, Katherine 103
Hemingway, Mariel 92
Henner, Marilu 21
Herrmann, Edward 101
Hewitt, Jennifer Love 95
Hilton-Jacobs, Lawrence 49
Hirsch, Judd 21
Hupp, Jana Marie 102
Hunt, Helen 40

I

Ice-T 57
Imperato, Carlo 89
Indelicato, Marc 85

J

Jamal-Warner, Malcolm 19
James, Kevin 30
Jean-Baptiste, Marianne 63
Jones, Star 128

K

Kanakaredes, Melina 66
Kaplan, Gabriel 49
Kaufman, Andy 21
Keith, Brian 94
Kelly, Gene 96
Kenzle, Leila 40
Kind, Richard 33
Klugman, Jack 47
Knight-Pulliam, Keshia 19
Koch, Ed 137
Krakowski, Jane 51
Kudrow, Lisa 17

L

Landsburg, Valerie 89
Lansbury, Angela 95
Lane, Lauren 37
Langham, Wallace 45
LaPaglia, Anthony 63
Larter, Ali 87
Laurie, Hugh 99
Leary, Denis 83, 94
LeBeauf, Sabrina 19
LeBlanc, Matt 17
Leonard, Robert Sean 99
Letterman, David 109
Light, Judith 103
Linden, Hal 97
Lloyd, Christopher 21
Locklear, Heather 33
Logue, Donal 94
Lombardi, Michael 83
Louis-Dreyfus, Julia 26

M

Mabius, Eric 85
Malick, Wendie 44
Martin, Jesse L. 55
McCaffrey, James 83
McCallum, David 96
McCarthy, Melissa 101
McCormack, Eric 35
McGee, Jack 83
McKean, Michael 44
Meloni, Christopher 57
Merkerson, S. Epatha 55
Messing, Debra 35
Milano, Alyssa 103
Milian, Marilyn 137
Mitchell, Daryl 45
Montgomery, Elizabeth 97
Montgomery, Poppy 63
Moore, Mary Tyler 92, 95
Morgan, Tracy 51
Morrison, Jennifer 99
Mullaly, Megan 35
Murciano, Enrique 63

N

Najimy, Kathy 45
Nicholson, Julianne 60
Nixon, Cynthia 14
Noth, Chris 55, 60

O

O'Brien, Conan 113
Oka, Masi 87
Orbach, Jerry 55
Ortiz, Ana 85
Oswalt, Patton 30

P
Palillo, Ron 49
Panettiere, Hayden 87
Pankow, John 40
Parker, Sarah Jessica 14
Pasdar, Adrian 87
Pasquale, Steven 83
Patterson, Scott 101
Paul, P.R. 89
Perry, Matthew 17
Philbin, Regis 124, 139
Pintauro, Danny 103
Plana, Tony 85
Povich, Maury 132
Price, Molly 81

Q
Quinto, Zachary 87

R
Radnor, Josh 94
Ramamurthy, Sendhil 87
Ramsey, Anne 40
Randall, Josh 102
Randall, Tony 47, 93
Rashad, Phylicia 19
Raven-Symone 19
Raver, Kim 81
Ray, Gene Anthony 89
Ray, Rachael 136
Reiser, Paul 40
Remini, Leah 30
Richards, Michael 26
Rigg, Diana 92
Ripa, Kelly 124
Roberts, Leonard 87
Ross, Joe E. 97
Roth, Andrea 83
Roundtree, Richard 76, 97
Ruck, Alan 33
Ruivivar, Anthony 81
Russel, Keri 93
Russel, Mark 69

S
Salisbury, Benjamin 37
Sanchez, Roselyn 63
Savalas, Telly 69
Schwimmer, David 17
Sciorra, Annabella 60
Scurti, John 83
Seinfeld, Jerry 26
Shaughnessy, Charles 37
Sheen, Charly 33
Sheridan, Jamey 60
Singer, Lori 89
Sinise, Gary 66
Smith, Shawnee 42
Smits, Jimmy 71
Spencer, Jesse 99
Stewart, Jon 115
Stiller, Jerry 30
Stone, Harry T. 94
Strassmann, Marcia 49
Stewart, Martha 130
Sudduth, Skipp 81
Sunjata, Daniel 83

T
Thompson, Lea 92
Tom, Nicholle 37
Travis, Nancy 42
Travolta, John 49

U, V
Valentine, Gary 30
Vance, Courtney B. 60
Ventimiglia, Milo 87
Viera, Meredith 139

W
Walters, Barbara 128
Warden, Jack 92, 94
Waterston, Sam 55
Weaver, Dennis 96
Wiles, Jason 81
Williams, Tyler 92
Williams, Vanessa L. 85
Williams, Victor 30
Winston, Hattie 42
Woodward, Edward 96

X, Y, Z
Zima, Madeline 37

Register Schauplätze

A
Alphabet City 7
American Museum of Natural History 62
American Museum of the Moving Image 18 f., 24
Amsterdam Avenue 26
Apollo Theater 126
Artie's Delicatessen 55
Avenue of the Americas 13

B
Bada Bing 77
Bad Boy Entertainment 110
Bedford Street 17
Bleecker Street 12 ff.
Bloomingdale's 64
Broadway 23, 34, 39 f., 52, 73, 145
Bronx 41 f.
Brooklyn 19, 42, 49
Brooklyn Bridge 56, 60 f., 63, 65 f., 78f, 94
Brooklyn Heights 18
Bryant Park 73
Buchman's Sporting Goods 40

C
Camelot 81
Carnegie Deli 55
Cathedral Church of Saint John the Divine 25
Chelsea Brewing Company 54
Chelsea Piers 31, 53, 56, 59
Central Park 14ff, 17, 36 f., 55, 97, 121, 125, 139
Central Perk 16
Charles Street 20
Chinatown 13
Christopher Street 17, 19
Chrysler Building 30, 66
Church Avenue 48
Circle Line Boat Terminal 54
City Hall 31, 33, 43, 60, 63
City Hall Park 32, 57
Columbia University 23f
Columbus Avenue 26
Cooper Avenue 28
Cooper's 28
Corona Avenue 29f
Criminal Court 59 f.

D
Dry Harbor Road 28

E
East River 65 f.
Ed Sullivan Theater 112
Empire Diner 55
Empire Fulton Ferry State Park 62, 73, 78, 94
Empire State Building 62 f., 65 f., 73, 133, 137
Erasmus Hall High School 48 f.
Essex House 97

F
Farmer's Market 39
FBI-Gebäude 61 f.
Flatbush Avenue 48f
Flatiron Building 45, 54
Flushing Meadows Corona Park 30
Freiheitsstatue 42, 63
Fuller Building 45

G
GE Building 50 f.
General Grant National Memorial 54
Grand Army Plaza 17

Grand Central Terminal 61, 65 f.
Greenwich Village 11, 14, 17 f.
Ground Zero 63
Grove Street 17

H

Harlem 75, 126
Hello Deli 112
Hell's Kitchen 138
High School of Performing Arts 88
Hotel Chelsea 131
Hotel Pennsylvania 132
Hudson River 35, 54, 60, 63
Hudson Street 20, 76

I, J

Jackson Heights, Queens 85
J&R Music and Computer World 57

K

Kaufman Astoria Studios 19, 90, 140
Katz's Delicatessen 69

L

Lafayette Street 35, 44
LaGuardia High School of Music & Art 89
Landmark Tavern 32 f., 117
Law & Order Way 53
Lemon Ice King Of Corona 29
Lincoln Center 125, 128
Lincoln Square 125
Lincoln Tunnel 79
Little Italy 13, 65 f., 78
Lower East Side 69 f.
Lower East Side Tenement Museum 70

M

Macy's 73, 133
Madison Avenue 85
Madison Square Garden 133
Madison Square Park 45, 73, 85
Magnolia Bakery 12 ff.
Major Case Squad 60
Manhattan Bridge 61, 78
Manolo Blahnik 13 f.
Meatpacking District 20, 78
Metropolitan Museum of Art 36
Metropolitan Opera House 125, 128
Midtown Manhatten 126
Mindowaskin Park 102
Monk's Diner 23, 26
Mulberry Street Bar 77
Museum Mile 46
Museum of Modern Art 142

N

NBC-Studios 13, 19, 51, 63, 114, 134, 141
New York County Courthouse 54 ff., 60, 94
New York Marathon 42
New York Public Library 73
New York Supreme Court 73
No Name Bar 21, 75
North Caldwell 77

O

Old Town Bar & Restaurant 38 f., 40
One Police Plaza 60
One Times Square 86
O'Nieals 12f
Onondaga Street 103

P

Paragon Sporting Goods Company 39 f.
Paramount-Studios 21
Park Avenue 47, 61
Park Avenue South 39
Penelope Avenue 28
Penn Plaza 132
Perry Street 11 ff., 14
Piccolo Angelo 76
Police Headquarters 60
Port Authority Bus Terminal 61

Princeton University 98
Prospect Park 49
Puck Building 13, 34 f.
Pulitzer Fountain 17

Q
Queensboro Bridge 21, 83, 103
Queensbridge Park 83

R
Radio City Music Hall 65, 120, 142
Rainbow Room 51
Rego Park 27–30
Riff's Bar 38
Riverside Church 25, 54
Riverside Drive 35, 54
Riverside Park 35
Rockefeller Center 13, 51, 62f, 73, 88, 134, 142
Rockefeller Plaza 50f, 114, 120 ff., 141
Roosevelt Island Tram 65 f.
Roundabout Theatre Company 138

S
Satin Dolls 77
Scout 12 ff.
Silvercup Studios 14, 51, 79
Solomon R. Guggenheim Museum 46
Soup Kitchen 24 f.
South of Houston Street 43
South Street Seaport Museums 61
St. Luke's Place 18
St. Patrick's Cathedral 13, 51, 65, 142
Stuckeybowl 102
Stuckeyville High School 102
Studio 54 138
Subway Station 14th 75
Supreme Court 54 ff., 60, 94
Surrogate's Court 54

T
Theater District 73, 110
The Court Square Building 44
The Little Owl 16
The Museum of Television and Radio 142
Times Square 73, 86 f., 88, 122, 135
Tom's Diner 22
Tom's Restaurant 22 f.
Top of the Rock 51, 113
Trinity Church 79
Tweed Courthouse 54 f.

U
UN-Hauptquartier 61, 66
Union Square 39
Union Square Diner 39
Upper East Side 11, 36 f.

V
Vernon Boulvard 80
Verrazano Narrows Bridge 41 f.
Virgin Megastore 135

W
Waldorf Astoria Hotel 54
Wall Street 55
Warner Brothers 16, 61
West Village 19 f., 75
Witherspoon Hall 98
Woodhaven 28
Woolworth Building 32, 54

X, Y
Yale University 101
Yankee Stadium 26
Yer Man's 28

Z
Zoo in der Bronx 65 f.

Danksagungen

Mein Dank geht in erster Linie an **Ilona Völkening** und **Stefan Hoyer**, die zwar noch nie in New York waren, mich aber zu diesem Buch anregten, damit sie endlich einen ordentlichen Reiseführer haben, falls sie mal hinfliegen.

Außerdem danke ich **Dette Beckermann**, der ich nicht nur die Erkenntnis verdanke, dass ich zu viel arbeite.

Ich danke den vielen Menschen, die mich im Lauf der Jahre auf meinen New-York-Reisen begleitet haben und geduldig ertrugen, wie ich große Teile der Aufenthalte mit Fernsehen oder fernsehbezogenen Unternehmungen verbrachte: Franka Welz, Hanno Scherhag, Christian Weiskopf, Joachim Reuling, Jochen Stöckle, Edith Beimel, Andreas Schneck, Michael Makarski, Jörg Walter und Pierre M. Krause.

In New York und Umgebung danke ich Brenda Bendler, Margarete Burg, Irmgard Killinger, Yvonne Bendinger-Rothschild, Dan Rothschild, Sandra Naigeon und Cassis Birgit Staudt.

Für weitere Tipps, Anregungen, Antworten, Ideen und Unterstützung: Volker Busch, Valerie Kurth, Katja Roth, Kai Karsten und Christiane Rebmann.

Und sowieso danke ich meinen Eltern **Mechthild** und **Eckhard Reufsteck**.

Impressum

Alle Angaben in diesem Reiseführer sind geprüft. Preise und Öffnungszeiten können sich jedoch schnell ändern. Für eventuelle Fehler übernimmt der Verlag keine Haftung.

Bibliografische Information
Der Deutschen Bibliothek
Die Deutsche Bibliothek verzeichnet diese Publikation in der Deutschen Nationalbibliografie; detaillierte bibliografische Daten sind im Internet über http://dnb.ddb.de abrufbar.

Originalausgabe:

verlegt durch EGMONT Verlagsgesellschaften mbH, Gertrudenstraße 30–36, 50667 Köln

1. Auflage
Redaktion: Valerie Kurth
Lektorat: Katja Roth
Produktion: Susanne Beeh
Umschlaggestaltung: Hilden Design, München
Layout und Satz: typocepta, Wilhelm Schäfer, Köln
Kartografie: Peter Palm, Berlin;
U-Bahn Karte: DuMont Reisekartografie, Fürstenfeldbruck
© MAIRDUMONT, Ostfildern
Fotos: Michael Reufsteck;
Seite 7, 42, 49, 73, 85, 106, 127, 1 45: istockphoto
Seite 10, 15, 18, 21, 23, 31, 36, 41, 47, 52, 56, 58, 67, 72, 74, 80, 88, 90, 99, 103, 108, 112, 129, 132, 134, 139: cinetext
Seite 142: © Norman McGrath.
Autorenfoto: Stephanie Schweigert

Druck & Verarbeitung: Mohn media Mohndruck GmbH, Gütersloh

ISBN 978-3-8025-1751-8

www.vgs.de

HARLEM
Central Park North
Harlem Meer
River-side Park
Henry Hudson Parkway
HUDSON RIVER
Ward's Island Park
Astoria Park
EAST RIVER
West 96 th Street
Columbus Avenue
Amsterdam Avenue
Central Park West
Jacqueline Kennedy Onassis Reservoir
East 96 th Street
Guggenheim Museum
Yorkville
Carl Schurz Park
UPPER WEST SIDE
Broadway
Central Park
Metropolitan Museum of Art
Museum of Natural History
Fifth Avenue
The Lake
East 75 th Street
UPPER EAST SIDE
Franklin D. Roosevelt Drive
WEST CHANNEL
EAST CHANNEL
West Side Highway
Central Park West
Broadway
Hunter College
Metropolitan Opera
Zoo
9
18
28
20
63
71
65
6
44
8